OPERACIÓN VALKYRIA

Tobias Kniebe

OPERACIÓN VALKYRIA

Mt/Planeta

Obra editada en colaboración con Editorial Planeta – España

Título original: *Operation Walküre*

Revisión técnica: Marc Jiménez

© 2009, Rowohlt – Berlin Verlag GmbH, Berlin
© 2009, Sergio Hernández Garrido, por la traducción
© 2009, Editorial Planeta, S.A. – Barcelona, España

Derechos reservados

© 2009, Editorial Planeta Mexicana, S.A. de C.V.
Avenida Presidente Masarik núm. 111, 2o. piso
Colonia Chapultepec Morales
C.P. 11570 México, D.F.
www.editorialplaneta.com.mx

Primera edición impresa en España: enero de 2009
ISBN: 978-84-08-08264-4

Primera edición impresa en México: marzo de 2009
ISBN: 978-607-7-00084-6

Ninguna parte de esta publicación, incluido el diseño de la portada, puede ser reproducida, almacenada o transmitida en manera alguna ni por ningún medio, sin permiso previo del editor.

Impreso en los talleres de Litográfica Ingramex, S.A. de C.V.
Centeno núm. 162, colonia Granjas Esmeralda, México, D.F.
Impreso en México - *Printed in Mexico*

ÍNDICE

I. La visita 9
Smolensk, Rusia,
13 de marzo de 1943

II. Misión en Mauerwald 19
Masuria, Prusia Oriental,
14 de marzo de 1943

III. La resistencia 23
Smolensk, Rusia,
marzo de 1943

IV. Atentado suicida 31
Berlín,
21 de marzo de 1943

V. Stauffenberg 35
Túnez,
6 y 7 de abril de 1943

VI. El hospital militar 45
Múnich,
de abril a junio de 1943

VII. Reunión familiar 51
Lautlingen,
julio de 1943

VIII. Conjura 55
Berlín y Bamberg,
agosto de 1943

IX. Objetivos y signos 63
Lautlingen,
septiembre de 1943

| X. Punto de encuentro Tristanstrasse | 69 |

Berlín,
de septiembre a noviembre de 1943

| XI. Avances y momentos de calma | 83 |

Bamberg y Berlín,
de diciembre de 1943 a marzo de 1944

| XII. Cara a cara | 87 |

Berghof, Berchtesgaden,
7 de junio de 1944

| XIII. El juramento | 95 |

Berlín,
julio de 1944

| XIV. Hexonita | 105 |

La Guarida del Lobo, Prusia Oriental,
15 de julio de 1944

| XV. *Gladium A Deo* | 117 |

Berlín,
del 16 al 19 de julio de 1944

| XVI. Valkyria | 127 |

La Guarida del Lobo, Prusia Oriental,
20 de julio de 1944

| XVII. La decisión | 147 |

Berlín,
20 de julio de 1944

| XVIII. La venganza | 195 |

Berlín y Białystok, Polonia,
de julio de 1944 a abril de 1945

| XIX. Odisea y regreso a casa | 205 |

Ravensbrück, Bad Sachsa, Lautlingen,
de julio de 1944 a junio de 1945

| Fotografías | 213 |
| Bibliografía | 231 |

I. LA VISITA

Smolensk, Rusia,
13 de marzo de 1943

La mañana del 13 de marzo de 1943, media docena de soldados espera en el aeródromo de la ciudad rusa de Smolensk. Sus distintivos, gorras y abrigos de color gris de campaña los identifican como oficiales de la Wehrmacht. Su líder es un general, su rango se reconoce por el brillante color rojo de sus solapas. A poca distancia esperan varias limusinas Mercedes. Junto a los hangares pueden verse algunos aviones correo Heinkel y aviones de enlace Fieseler del tipo Cigüeña. Brilla el sol y el amplio paisaje vacío está cubierto de nieve. El segundo y catastrófico invierno del frente ruso se acerca a su fin.

El mariscal de campo Hans Günther von Kluge; de sesenta años, comandante en jefe del Grupo de Ejércitos Centro en el frente ruso, se encuentra junto al primer oficial de su Estado Mayor, el coronel Henning von Tresckow, de cuarenta y dos años. Forman, junto al jefe del Estado Mayor, los asistentes y el resto de oficiales, el comité de recepción de Adolf Hitler, el «Führer y canciller del Reich» de los alemanes, quien se encuentra en el décimo año de su poder sin límites.

Uno de los dos ha acudido para estrechar la mano a su líder y para, si es posible, convencerlo de una ofensiva sobre Kursk. El otro para matarlo.

Henning von Tresckow es un estratega. Frente alta de pensador, pelo poco abundante, un rostro abierto de rasgos finos, pero decidido. Una sonrisa irónica suele rondar sus labios. Trabaja desde hace mucho tiempo en un plan mortífero que hoy puede llegar a realizarse. Además, los acontecimientos de los últimos meses no han hecho sino reforzar su decisión. Desde Año Nuevo, nadie en su sano juicio duda del destino ante el que se encuentra Alemania. Stalingrado y la aniquilación del 6.º Ejército hacen que cualquier mención de la *Endsieg*, la victoria final, suene a burla; Winston Churchill y Franklin D. Roosevelt han anunciado en Casablanca el objetivo de guerra de los aliados, la «capitulación incondicional» de las potencias del Eje. Hitler hace mucho que, para sus adentros, da la campaña de África por perdida. Hace apenas tres días, ordenó bajo el mayor de los secretos al mariscal de campo Rommel que volviera de Túnez y lo relevó del mando porque desconfiaba de él. De hecho, Hitler desconfía ahora de muchos de sus generales, y tampoco se siente mucho más seguro entre los oficiales del Grupo de Ejércitos Centro, quienes debían conquistar Moscú y llevan ya catorce meses inmersos en duros combates contra el Ejército Rojo.

Tresckow debe contar con que la visita, anunciada desde hace semanas y pospuesta una y otra vez, pueda volver a ser cancelada en el último minuto. Es costumbre de Hitler tomar decisiones de última hora sobre sus viajes. «Entiendo muy bien por qué el noventa por ciento de los atentados cometidos a lo largo de la historia han tenido éxito —afirmó el dictador el año anterior en presencia de su círculo privado—. El único medio de prevención es una vida irregular.» El coronel respira aliviado cuando finalmente suena a lo lejos el ruido de los motores de los cazas Messerschmidt que acompañan permanentemente al *Führermaschine*, el avión del Führer. Poco después aterrizan con rapidez, uno tras otro, tres grandes tetramotores Condor. Cada uno lleva dos torretas artilladas en el techo, grandes cruces gamadas en los laterales de la cola y estilizadas cabezas de águila en el morro. Traen a Hitler y a su séquito. El primer avión rueda hasta llegar delante de los que están esperando. Pasa un tiempo hasta que se abre la puerta. Alguien mira hacia el exterior. Se descuelga una escala. Finalmente aparece Hitler, lleva un abrigo de cuero y gorra de uniforme. Se vuelve y desciende cuidadosamente por la escala, de espaldas.

El dictador viaja ese día con una gran comitiva. Allí se encuentran el jefe del Estado Mayor de la Wehrmacht y el jefe del Estado Mayor del Ejército. También están el destacamento permanente de las SS que es el «estandarte de carne y hueso de Adolf Hitler», funcionarios del servicio de seguridad del Reich,[1] asistentes, miembros del partido, reporteros gráficos y el médico y el cocinero personales de Hitler. El dictador está rodeado de guardias armados con metralletas. Tresckow sabe que Hitler lleva un chaleco antibalas bajo la ropa y, como comprobaron en una visita anterior, la gorra de su uniforme también está reforzada con acero. Tras un breve saludo del mariscal de campo Kluge, Hitler sube a un pesado Mercedes conducido por su chófer personal y que se pidió, por supuesto en el mayor de los secretos, expresamente para este propósito a Vinnitsa, ciudad situada en Ucrania, a 660 kilómetros de distancia. Hitler ya no confía en ningún vehículo ajeno, y los suyos están blindados desde hace casi un año con 4,5 centímetros de cristal reforzado y 3,8 centímetros de blindaje. Como de costumbre, se sienta delante. El corto trayecto lo lleva a Krasnij Bor, situado al oeste de Smolensk. Allí se encuentra el cuartel general del Grupo de Ejércitos Centro, a poca distancia del río Dniéper, en un pintoresco bosque de abedules. El tráfico ferroviario por la vía que cruza el camino se ha suspendido por motivos de seguridad. El servicio de seguridad y las SS llevan días en el lugar, preparándolo todo para la visita.

Los oficiales del ejército se encuentran reunidos para la conferencia con Hitler en la gran cabaña de madera que sirve de cuartel general al mariscal de campo Kluge. Tresckow también está presente. Ha convencido a los asistentes de Hitler de que solamente una aparición personal del Führer podría disipar las reservas de los comandantes hacia la planeada Operación Zitadelle, como se denomina al ataque sobre Kursk. Pero el discurso del dictador es poco arrebatador, farfulla al hablar y apenas mira a sus interlocutores. En cualquier caso, lo que Tresckow pretendía no era más que sacar a Hitler de su búnker de Prusia Oriental. Y es que en ese mismo instante, a unos trescientos metros de dis-

---

1. El Sicherheitsdienst (SD), o servicio de seguridad, era el servicio de inteligencia de las SS. (N. del t.)

tancia y en un antiguo orfanato en el que reside la llamada «1.ª Escuadra» del primer oficial del Estado Mayor, un oficial con gafas y peinado con raya, pero de aspecto poco militar, está abriendo una caja. Es Fabian von Schlabrendorff, de treinta y cinco años, teniente del Ejército de Reemplazo y ayudante de Tresckow, su hombre de confianza más cercano y también un enconado opositor al nacionalsocialismo. Está abriendo con cuidado un paquete que han preparado Tresckow y él mismo tras semanas de planificación e intentos. Contiene cuatro minas antiblindaje inglesas de tipo Clam, procedentes del botín capturado por la Abwehr[2] y unidas de dos en dos con cinta adhesiva. Forman dos bloques de unos quince centímetros de alto y ocho de ancho. Los conjurados quieren hacerlas pasar por botellas de licor de Cointreau, ocultas en su embalaje y aprovechando que tienen más o menos el mismo tamaño.

Estas minas contienen explosivo plástico inglés de alta potencia, capaz de atravesar limpiamente una placa de acero de 25 milímetros de grosor y de hacer pedazos una torreta blindada rusa, como comprobó Tresckow tras varias pruebas secretas. El detonador, también inglés y que parece un lápiz grueso que se activa mediante presión en la punta, pone en marcha un proceso químico inaudible. Un ácido corroe un alambre y hace saltar un muelle que activa un percutor sobre el estopín, para así desencadenar la explosión. El tiempo de retardo se ha calculado en treinta minutos. Schlabrendorff se asegura de poder presionar el detonador a través de un agujero disimulado en el embalaje sin que nadie pueda darse cuenta. Coge el paquete, sale al frío y soleado día de marzo y recorre los despejados senderos del nevado bosque de abedules en el que se encuentran los barracones del alto mando. Su meta es la sala de oficiales.

La sala de oficiales es un amplio salón con un techo bajo de madera, mesas redondas y una enorme chimenea de ladrillo en la esquina. Allí se han reunido para ver de cerca al Führer más de doscientos oficiales, cerca de la mitad de los asignados al cuartel general del Grupo de Ejércitos Centro. Hitler se sienta en el cen-

---

2. Organización de inteligencia alemana que operó desde 1921 hasta 1944. (N. del t.)

tro de la sala, con cuatro miembros de las SS detrás de él. Como siempre, el dictador ha pedido una comida especial. Ésta ha sido preparada por su cocinero personal, que viaja con él, y su médico personal, el profesor Morell. La prueba ante los ojos de todos. Esto puede deberse a motivos médicos, pero también de otra índole. El veneno es uno de los métodos clásicos del asesinato de tiranos. Ya hace once años hubo un atentado con veneno contra Hitler en el hotel Kaiserhof, en Berlín, pero nadie resultó herido. Durante la comida, el dictador mantiene su mano izquierda sobre el muslo, mientras que con la derecha se sirve distintos tipos de verdura. Para ello deja el brazo apoyado sobre la mesa y desplaza la boca hacia la comida. «Mi madre nos habría abofeteado», dice un testigo para describir la grotesca visión.

Formando un semicírculo cerca de Hitler están sentados seis oficiales de caballería escogidos, a la cabeza de los cuales está el capitán de caballería Georg Freiherr von Boeselager, de veintisiete años. Todos se han comprometido a matar a Hitler a tiros. La pistola es parte del uniforme de cualquier oficial, así que dispondrán de las armas necesarias. Sin embargo, no pueden actuar. El mariscal de campo Kluge les ha prohibido la acción de antemano tras una larga conversación con Tresckow. Kluge sabe de la existencia del círculo de conjurados en su Estado Mayor, y asegura estar de su lado. No obstante, afirma que un atentado público contra la vida de Hitler desembocaría en una guerra civil contra Heinrich Himmler y sus SS. Una guerra civil que el ejército, cuyas fuerzas están concentradas en el frente, no podría ganar. Así pues, los tiradores permanecen sin hacer nada mientras Tresckow lleva adelante su plan de reserva, del que Kluge no sabe nada. Un plan que además tiene la ventaja de parecer un accidente.

Después de la comida, Hitler da un corto discurso. Está prohibido fumar en su presencia. Tresckow charla con los oficiales que acompañan al dictador. Todo depende ahora de que consiga recibir por casualidad una información decisiva. Y la suerte lo acompaña. El teniente coronel Heinz Brandt, de treinta y seis años, quien también tiene el rango de primer oficial y ejerce la misma función que Tresckow en el departamento de operaciones del alto mando del ejército, deja caer el comentario de que volará en el avión de Hitler durante el regreso. Su jefe está ocupado con el informe sobre la situación militar. Tresckow se fija en el teniente coronel, un oficial de caballería agraciado, con la boca algo afilada. Al hacer la pregunta crucial, intenta darle un tono casual, como si lo hiciera de pasada. ¿Estaría Brandt dispuesto a llevar al alto mando del ejército un pequeño paquete con dos botellas de buen licor que son el pago de una apuesta hecha con un general con quien tiene amistad? Brandt acepta sin dudarlo. De esa forma, el destino del hombre que mastica verdura a unos metros de distancia parece sellado.

Hitler deja el campamento de Krasnij Bor cerca de las dos y media de la tarde. Kluge y Tresckow lo acompañan de vuelta al aeropuerto. El teniente Schlabrendorff acude al aeródromo en otro coche, lleva el paquete preparado en las manos. Espera hasta que Hitler se despide de los oficiales y entonces presiona inadvertidamente a través de la pequeña abertura del envoltorio. Para asegurarse de que la bomba se activa no sólo presiona con un dedo el extremo del detonador, sino también con la punta de su llave. Así está seguro de que la presión es suficiente para romper la ampolla de líquido corrosivo y para que el detonador se active. Tras un gesto de Tresckow, le da el paquete a Brandt. En ese momento tiene que esforzarse para mantener la expresión amistosa de su rostro. Brandt no se apercibe de nada y sube tras Hitler al *Führermaschine*. La escala es retirada, y la pesada puerta metálica del Condor se cierra desde el interior. Los cuatro cazas de la escolta ascienden, y Hitler está en el aire sobre las tres. Su piloto pone rumbo a los nevados campos de Ucrania. La ruta les hará pasar por Kiev, y continuará en dirección a Prusia Oriental tras una escala en Vinnitsa, hasta llegar al cuartel general del Führer en Rastenburg, la *Wolfsschanze* o Guarida del Lobo.

Antes de la guerra, el avión cónico y de elegantes líneas de los años treinta Focke-Wulf FW-200 Condor era el aparato puntero de la flota civil de Lufthansa. Al piloto de Hitler le gusta llamarlo «el avión más bonito sobre la faz de la Tierra». Puede permanecer en el aire más de quince horas, lo que le permitió hacer en 1938 el primer vuelo de pasajeros sin escalas hasta Nueva York. Sin embargo, para operaciones militares peligrosas ha resultado ser demasiado lento. El dictador vuela en un modelo modificado que cuenta con cuatro motores de 1.000 caballos de potencia. Su cabina blindada tiene acabados en madera. Hay camareros sirviendo a los pasajeros, y tanto la vajilla de porcelana como la cubertería de plata llevan el símbolo del NSDAP, el Partido Nacionalsocialista Obrero Alemán. Hitler se sienta delante, a la derecha, en una butaca de orejas acolchada y reforzada con placas de acero que está acoplada sobre una trampilla de casi un metro cuadrado. En caso de peligro, puede accionar una palanca de color rojo que se encuentra debajo de la ventana, a la derecha, y que está asegurada. Al hacerlo, la trampilla que hay bajo la butaca se abre para dejar caer el asiento, junto con su ocupante. También hay un paracaídas oculto en el respaldo. Tresckow y Schlabrendorff saben todo eso. Sin embargo, cuentan con que la explosión desgarrará también la cabina blindada. En el peor de los casos, esperan que la bomba arranque un trozo tan grande del fuselaje que no haya posibilidad de escapar. Los conjurados vuelven a su cuartel general con una tensión febril. Una vez llegados allí, el teniente pide una conexión con Berlín y transmite una palabra clave acordada de antemano a la gente de confianza de la resistencia que se encuentra allí: el «encendido inicial» está en marcha. Es la señal para que varios comandantes que forman parte de la conspiración tomen los puntos claves de la patria una vez que Hitler haya sufrido una «trágica muerte por accidente».

A comienzos de 1943, tal como se vería más tarde, este plan está lejos de ser óptimo. Pero se basa en una idea brillante. Tras la catástrofe del invierno de 1941, con el fracaso de la campaña rusa a las puertas de Moscú, Hitler y su círculo interno ya no están seguros en lo que se refiere al denominado «frente interior». Las costas podrían ser atacadas, paracaidistas enemigos podrían aterrizar en el territorio del Reich, ni siquiera se descarta una revuelta de los *Zwangsarbeiter*, los hombres destinados a trabajos forzados, cuyo número se cifra en varios millones. La Oficina General del Ejército en Berlín recibe la tarea de idear medidas contra esta amenaza. Y a comienzos de 1942 emite una serie de órdenes a las formaciones del ejército que no se encuentran en el frente: unidades de instrucción, compañías de reemplazo, tropas para la protección de los 21 distritos militares de Alemania y de los territorios ocupados.

Estas órdenes, que permanecen en las cajas fuertes como *Geheime Kommandosache*, asunto secreto reservado al alto mando, son aprobadas por Hitler, pero muy pocas personas conocen su existencia. El plan contempla la «disposición de las unidades operativas en tres fases», su armamento y capacidad de combate contra cualquier enemigo imaginable en el interior del país. Henning von Tresckow y sus compañeros planean emplear estas órdenes legales para poner al ejército en estado de alerta y conseguir que las tropas acordonen el barrio del gobierno en Berlín, encarcelen a los ministros y a los líderes del partido, ocupen la radio y desarmen a las formaciones de las SS. En otras palabras: planean un verdadero golpe de Estado. La primera y única condición para desencadenarlo es la muerte de Hitler. Su aura mítica es demasiado grande entre la población, al igual que la fe de los soldados rasos en su supuesto genio militar, que aún sigue garantizando la «victoria final». Es imposible arrebatarle el poder mientras siga con vida. Si se produce un accidente o un atentado del que se pueda inculpar a alguien, se dará la orden de que se abran las cajas fuertes y se ponga en marcha el plan de emergencia. Al plan se le da un nombre inspirado en las doncellas de la mitología nórdica que acompañan a los guerreros caídos a los salones de los dioses: «Valkyria».

Tresckow y Schlabrendorff están sentados en su cuartel general, con la mirada fija en el reloj, cuyas manecillas avanzan con una lentitud mortal. Cuentan con que la primera noticia de la explosión la dará por radio uno de los cazas de la escolta, y esperan la noticia junto al receptor, como hechizados. Pero la media hora transcurre y no ocurre nada. Como última esperanza queda la posibilidad de que el frío del interior de la bodega de carga haya ralentizado el proceso químico del detonador. Pero el plazo de dicha demora también termina sin que ocurra nada.

Finalmente, tras más de dos horas de agotadora espera, llega un mensaje con el que nadie contaba: Hitler ha aterrizado sano y salvo en el aeródromo de Rastenburg y ha llegado a su cuartel general. Sigue un momento de desoladora decepción. Ha vuelto a ponerse de manifiesto la supuesta invulnerabilidad de Hitler, que parece haber hecho un pacto con el diablo. Hasta ese momento ha habido más de veinte intentos documentados de acabar con su vida, pero incluso el más sofisticado de ellos ha fracasado.

«Estábamos sumamente conmocionados», afirma Schlabrendorff al recordarlo. Sin embargo, no queda mucho tiempo para titubear o pensar. El teniente debe llamar de inmediato a Berlín para transmitir la contraseña que informa del fracaso del atentado y que hará que finalice toda actividad al instante. El coronel Henning von Tresckow se prepara, por su parte, para realizar una llamada mucho más delicada.

Repasa una vez más en su cabeza todas las opciones. A continuación pide una comunicación con el alto mando. El teniente coronel Brandt, el hombre que cogió la bomba, se halla en un centro de mando a poca distancia de Rastenburg. También él debe de haber vuelto ya a su despacho. No poder ponerse en contacto con él significaría el descubrimiento del artefacto explosivo y un gran peligro para todos los conspiradores. Pero hablar con él por teléfono tampoco garantiza ninguna certeza; si los servicios de seguridad ya han descubierto el complot, Brandt podría estar sirviendo de cebo, para dar impresión de normalidad, y conseguir llegar hasta el cabecilla del intento de atentado.

Tresckow llama, se establece la comunicación y oye la voz de Brandt. Ésta suena sin ninguna agitación, completamente normal. Tresckow pregunta si ya le ha dado el paquete con el licor a su destinatario. Brandt dice que no, el paquete sigue con él. Tresckow le explica rápidamente que, por desgracia, ha habido una equivocación y que ahora mismo tiene el paquete correcto en sus manos. A continuación le pregunta que si sería posible que guardase el paquete equivocado. Schlabrendorff, su ayudante, debe acudir al alto mando en servicio oficial y puede cambiar el licor equivocado por el correcto. Brandt está de acuerdo. Tresckow se despide, cuelga y le dice a Schlabrendorff que, en su opinión, la bomba no ha sido descubierta. Schlabrendorff también lo cree y está dispuesto a hacerse cargo de su recuperación. La respuesta a la cuestión del peligro que entrañará esa misión sólo la tendrá a la mañana siguiente.

II. MISIÓN EN MAUERWALD

Masuria, Prusia Oriental,
14 de marzo de 1943

La mañana del 14 de marzo de 1943, el teniente Fabian von Schlabrendorff sube a un avión de correo regular que recorre los distintos centros de mando de la Wehrmacht y se pone en camino hacia Prusia Oriental. Lleva en el bolsillo un paquete que contiene dos botellas de Cointreau y que se parece al artefacto explosivo que no estalló. Mientras el avión asciende para emprender el vuelo de casi una hora, a Schlabrendorff no le cabe ninguna duda de la necesidad de su misión. El ardiente deseo de hacer algo contra el ascenso y el dominio del nacionalsocialismo lo consume desde hace más de quince años.

Schlabrendorff proviene de Halle an der Saale, y ya como estudiante de Derecho en su ciudad natal perteneció al grupo de jóvenes conservadores. En 1928 tuvo varias intervenciones como orador en protesta contra los nazis, que algunas veces acabaron en peleas. En el año 1933, poco después de la toma del poder de Hitler, publicó un artículo en la *Mitteilungsblatt der Konservativen Vereinigung*, en el que denunciaba la creación de un Estado sin derechos y formulaba su rechazo total al nuevo régimen. A partir de entonces, la revista fue prohibida. Ese mismo año buscó contactos con la oposición evangélica, la católica y también con la de izquierdas, e incluso consiguió liberar al conocido socialista Ernst Niekisch mientras éste estaba detenido en una celda en Berlín por matones de las SA. Cuando las estructuras de poder del Estado nacionalsocialista se hicieron todopoderosas, renunció a su puesto de funcionario en el antiguo ministerio del interior de Prusia. Ejerció de abogado en provincias, pero permaneció activo en los círculos de la oposición. En agosto de 1939, poco antes del comienzo de la guerra, viajó a Inglaterra para advertir a varios interlocutores de alto nivel del inminente ataque de Hitler sobre Polonia y del pacto entre Hitler y Stalin. Entre ellos se encontraba Churchill, a quien visitó en Chartwell, su residencia. Schlabrendorff quedó profundamente impresionado por aquel incansable vigilante de las ansias de poder germanas, al que hasta entonces había ignorado su pueblo. «No soy un nazi, pero sí un buen patriota», afirma ante su anfitrión. «Yo también», responde sir Winston, a quien pocas semanas separan de su definitiva tarea, volver al gobierno británico y tomar las riendas de la lucha contra Hitler.

No obstante, todos los esfuerzos de Schlabrendorff fueron en vano. Desde hacía mucho tiempo tenía muy claro que los únicos que podían hacer algo contra Hitler eran los militares. Así pues, el hombre de leyes sin experiencia militar fue requerido en 1941 por su primo, Henning von Tresckow, para el Grupo de Ejércitos Centro. Ante la sorpresa de la tropa, Tresckow convirtió en su consejero más cercano a ese tal Schlabrendorff, tan poco marcial, a quien su guerrera nunca parecía sentarle bien y quien destacaba por su inteligencia, discreción y sarcasmo. Juntos deciden derrocar al dictador mediante la violencia. Schlabrendorff se convierte en el emisario de Tresckow. Viaja continuamente entre los grupos de la resistencia de Berlín y los distintos Estados Mayores. Y sin embargo, hasta ahora ha logrado evitar llamar la atención de la Gestapo y de sus soplones.

El avión correo comienza su descenso sobre el ancho paisaje lacustre de Masuria. El objetivo de Schlabrendorff se encuentra a orillas del lago Mamry, junto a la vía del tren entre Rastenburg, la Guarida del Lobo y Angerburg. Es un gran campamento militar que aparece nombrado en los planes de operaciones del ejército con el nombre de Mauerwald. Ahí operan varias secciones administrativas del ejército y el alto mando tras el retroceso en el frente oriental. Pueden verse altas torres de vigilancia de madera y edificios administrativos diseminados por una superficie de unos seis kilómetros cuadrados. También hay búnqueres de hormigón armado a la orilla del lago que parecen rocas de miles de toneladas lanzadas por un gigante y que están flanqueados por baterías antiaéreas. Schlabrendorff es conducido a la sección de operaciones y hasta el teniente coronel Brandt. Si ha despertado las sospechas de alguien, ya es demasiado tarde para darse la vuelta.

Con sus pequeñas arboledas, las numerosas cabañas de madera medio escondidas y las cercas hechas de delgados troncos de abedul, el emplazamiento del alto mando desprende una engañosa paz similar a la de una colonia vacacional. Schlabrendorff llega por fin al edificio en el que se encuentra Brandt y entra. El teniente coronel lo saluda. Al parecer, no sospecha nada. Schlabrendorff se da cuenta por la ligereza con la que Brandt maneja el peligroso paquete. Agita el artefacto explosivo con tal fuerza, de aquí para allá, que el visitante se queda petrificado de miedo. Al fin y al cabo, el detonador está activado, y la bomba podría explotar en cualquier momento. Schlabrendorff le quita el paquete de las manos al teniente coronel y en su lugar le da las verdaderas botellas de Cointreau. A continuación se despide tan deprisa como puede. Apenas ha acabado con esto cuando se encuentra con un nuevo problema. ¿Qué va a hacer con el explosivo? El campamento, en el que hay ahora unos 1.500 oficiales de servicio, parece poco apropiado para inspeccionar el paquete, o para tirarlo sin más. Podría llamar la atención y poner en peligro a personas que no tienen nada que ver. Schlabrendorff no se lo piensa demasiado e indica a su chófer que lo lleve de inmediato a Korschen, a cuarenta kilómetros de allí. Korschen es el nudo ferroviario central entre Berlín y Tilsit, Königsberg y Rusia. Allí hay coches cama preparados para que pasen la noche los visitantes del alto mando. Y allí quiere Schlabrendorff que le preparen un compartimento en el que nadie le moleste. Sostiene el paquete en sus manos durante todo el trayecto, esforzándose por evitar cualquier movimiento brusco.

Una vez en Korschen, Schlabrendorff cierra la puerta de su compartimento con cerrojo, saca una hoja de afeitar y comienza a abrir el paquete con cuidado. Al retirar el recubrimiento, descubre que las minas inglesas están intactas. Desarma la bomba con cautela y saca el detonador. Aparentemente, el mecanismo se había activado de manera correcta. La ampolla con el ácido está rota, y éste ha corroído el alambre de seguridad como estaba previsto. El percutor se ha movido correctamente e incluso el extremo del detonador está quemado y negro por fuera. Pero algo debe de haber ido mal. ¿Se habría estropeado la calefacción de la bodega del Condor, lo que ocurría ocasionalmente, y esto habría enfriado demasiado el explosivo? Ésta parece la explicación más plausible, pero a Schlabrendorff le sigue pareciendo extraña. Le asalta la impresión de que un cruel poder del destino ha vuelto a ponerse del lado de Hitler.

Schlabrendorff siente a la vez esperanza y decepción. Decepción por el atentado fallido, cuyo fracaso parece debido a una «casualidad única». Pero esperanza porque el complot sigue sin ser descubierto y es posible volver a planificar un atentado contra Hitler. Vuelve a sentirse tan seguro que no tira por la ventana las minas y el detonador cuando el tren se pone en movimiento en su camino nocturno hacia Berlín, sino que coloca todo en su equipaje y decide presentarlo como prueba a los conspiradores de la capital a la mañana siguiente.

III. LA RESISTENCIA

Smolensk, Rusia
Marzo de 1943

Henning von Tresckow recibe el informe telefónico de su ayudante en su edificio de mando de Smolensk. No cree ni en el destino ni en la providencia, sino en ser decidido y en una buena planificación. Así que no se permite lamentar el fracaso del atentado ni por un segundo, sino que de inmediato dirige su mirada hacia delante. ¿Cuál es la siguiente cita conocida de la agenda de Hitler? ¿Cuándo tendrán la oportunidad de acercarse a él? Recuerda un decreto del Führer de dos días atrás, posiblemente el más corto jamás promulgado por Hitler. El texto completo dice: «Este año, el *Heldengedenktag* (Día del Recuerdo a los Caídos) es el 21 de marzo». Con este decreto, la fiesta nacional se retrasa una semana. Las decisiones del dictador están siendo tan erráticas que nadie se asombra ante el arbitrario y repentino cambio del día de la celebración. No se da ningún motivo para ello. Pero las apariciones en público de Hitler y sus discursos a los alemanes se han hecho más escasos. Así que el posible motivo parece ser que haya un éxito visible contra los rusos antes. Las esperanzas están puestas en Jarkov, en Ucrania, que está siendo asediada por las Waffen-SS comandadas por Sepp Dietrich. La ciudad caerá en manos alemanas en el plazo previsto.

Pero lo que Tresckow ve en ese 21 de marzo, cuando Hitler aparezca en el patio de luces de la antigua Armería de Berlín y pronuncie un discurso en público en honor de los caídos, es una nueva oportunidad. A continuación, el dictador visitará una exposición de trofeos de guerra que tiene lugar cada año y que esta vez muestra fotografías y armas capturadas por el Grupo de Ejércitos Centro, las tropas de Tresckow.

Su sangre fría, claridad, talento organizativo y creatividad han llevado a Henning von Tresckow a la cabeza de la resistencia militar durante los últimos años. También es el primer oficial en el frente que ha entrado en la oposición política con la decisión de eliminar a Hitler. Los agentes de la Gestapo dirán de él que es el «instigador» y el «espíritu maligno» del 20 de julio. Sabe que contra ese poderoso adversario no vale ninguna tradición distinguida, ninguna condescendencia ni ninguna admonición elocuente. Sólo la decisión de atreverse a luchar contra la locura del nacionalsocialismo. La cuestión del juramento que, como cualquier soldado alemán, ha prestado a la persona de Hitler es algo que solventa de manera muy pragmática: el juramento es una obligación recíproca que Hitler ha roto miles de veces. Un paso lógico que nunca darán, ni siquiera más tarde, muchos militares que llevan mucho tiempo maldiciendo a su superior máximo. Pero la terca fidelidad nibelunga no se corresponde ni con el origen de Tresckow ni con su personalidad.

Henning Hermann Robert Karl von Tresckow, nacido en Magdeburgo en 1901, proviene de una familia de oficiales prusianos con residencia en Gut Wartenberg, en la parte de Neumark, al este del Oder. Sus orígenes se remontan al siglo XIV. Uno de sus antepasados ganó fama como general bajo las órdenes de Federico II el Grande. Al final de la primera guerra mundial, Tresckow entró, tras haber sido rechazado en un primer momento por su complexión delgada, en el primer regimiento de infantería de la guardia prusiana, y con diecisiete años se convirtió en el alférez más joven de la tropa. Un mes más tarde recibió la Cruz de Hierro por su valentía. Su comandante le profetizó que acabaría como jefe del Estado Mayor o como traidor en el patíbulo.

Su superior reconoció en aquel joven una gran inteligencia estratégica, pero también un rechazo fundamental contra la obediencia ciega. En las batallas de Maas y Oisepo, Tresckow no situó las ametralladoras que tenía bajo su mando donde le había ordenado el jefe de su compañía, sino donde eran más efectivas desde el punto de vista táctico. Como muchos otros, vivió el final de la guerra y el tratado de Versalles como una profunda humillación.

A comienzos de los años veinte interrumpió su carrera militar y ejerció con éxito de banquero y agente de bolsa. Viajó por el mundo y pasó medio año en Sudamérica. Así pues, cuando renunció al dinero fácil y entró en las reinstauradas fuerzas armadas del Reich, su horizonte era mucho mayor que el de sus camaradas. En 1932, siendo uno de los mejores de su promoción en la academia militar, creyó en los nacionalsocialistas y en sus promesas. «Si tienes fervor, vota a Hitler», decía en su círculo familiar.

Está casado, y tiene dos hijos y una hija. Asiste todos los domingos a la iglesia, vestido de uniforme. Tiene profundas convicciones y principios morales. Todo esto hace que sus compañeros apoden a Tresckow con el sobrenombre de el Santo. Su carrera: destinación al Estado Mayor, primer oficial del Estado Mayor bajo las órdenes de Von Rundstedt en el frente occidental, y misma función en el Grupo de Ejércitos Centro en el frente oriental. Lo que no recogen los expedientes oficiales es su desprecio creciente por Hitler y su sed de guerra, de la que no tiene duda alguna.

Comenzó en 1937 con el ataque a Checoslovaquia, en cuyos planes participó Tresckow, y se acentuó en 1939 con el convencimiento de que el «derviche danzarín» y «artífice de todos los males» debe ser detenido. Ese mismo año se produce el primer encuentro con su primo Schlabrendorff, quien le transmite una determinación común a la suya. «El deber y el honor nos exigen hacer todo lo posible para derrocar a Hitler y al nacionalsocialismo a la primera oportunidad, y así salvar a Alemania y a Europa de los peligros de la barbarie.»

No obstante, Tresckow siguió prestando servicio más allá del deber en tiempo de guerra. Se crea fama de genio de organización y de líder de la tropa de dotes excepcionales. En una ocasión transmite directamente a Hitler el plan del comandante Von Manstein de avanzar rápidamente en territorio enemigo, un plan que los generales conservadores querían impedir. Dicho plan hace posible los sorprendentes éxitos en el frente occidental. Su posición de responsabilidad trae consigo que se vea enredado en las atrocidades de la llamada «área de retaguardia del ejército», en Rusia: campos de prisioneros en los que mueren de hambre millones de rusos; miles de civiles, supuestos partisanos o simpatizantes de los resistentes, que son fusilados; y asesinatos en masa de judíos por parte del grupo B de las SS que opera en su zona.

Conoce a los autores y mantiene contacto con ellos. Estas acciones del ejército, que se burlan de los derechos humanos y de cualquier clase de humanidad, quedan aprobadas y consignadas en los expedientes y se dan dentro de su ámbito de responsabilidad directo.

Cada vez tiene más sentimientos de culpa. Ya en mayo de 1941, poco antes del comienzo de la campaña rusa, entran en vigor el *Kriegsgerichtsbarkeit-Erlass*, el permiso para la jurisdicción de los tribunales militares, y la *Kommissarbefehl*, la directriz para el trato de los comisarios políticos, dos de las disposiciones criminales de Hitler. La primera permite que «civiles enemigos» puedan ser llevados ante un oficial, sin que exista un tribunal, y que éste decida sobre su posible fusilamiento. Se trata de la eliminación total de los derechos civiles, ordenada desde la más alta instancia. La segunda disposición exige que se separe del resto de los soldados a todos los prisioneros que sean comisarios políticos del Ejército Rojo y que se los fusile de inmediato en el campo de batalla. Un atentado brutal contra las reglas del honor entre soldados que habría sido inimaginable para cualquiera.

Tresckow intenta de inmediato conseguir que los tres máximos responsables militares de la campaña rusa se nieguen a acatar dichas disposiciones diez días antes del comienzo del ataque. «Piénselo por un momento —dice a un amigo íntimo—. Si no conseguimos, [...] que se retiren esas órdenes, Alemania perderá su honor definitivamente y tal afrenta durará siglos. La culpa no recaerá solamente sobre Hitler, sino también sobre usted y yo, su mujer y la mía, sus hijos y los míos.» El intento fracasa. En noviembre de 1942 informa a su círculo de que sus peores temores se han hecho realidad sistemática: en la retaguardia tiene lugar la «exterminación de seres humanos», cuyo alcance supera «cualquier fantasía», y que para Tresckow es una «deshonra para el sacrificio» de los soldados del frente.

En ese momento, Henning von Tresckow vive día a día en una contradicción absoluta. Exteriormente trabaja con todas sus fuerzas para mantener en marcha la maquinaria de destrucción de Hitler, haciendo así posible nuevas muertes y crímenes. Pero en secreto trabaja con el mismo fervor para eliminar al dictador. En el círculo de los conjurados hay unos quince oficiales que conspiran en el antiguo orfanato donde el Estado Mayor tiene su sede. Intercambian informaciones de los enviados enemigos y mantienen contactos con Berlín. Tresckow dispara de vez en cuando con la pistola sobre la pared. Teme que haya micrófonos, y quiere apagarlos de esa manera. Cuando acaba el servicio a las once de la noche y se han marchado los informadores, suele jugar al ajedrez con los conspiradores y discutir las posibilidades de un golpe de Estado. Entre ellos se encuentra un coronel responsable del contacto con la Abwehr y del reconocimiento de las fuerzas enemigas. En el próximo plan de Tresckow desempeñará un papel decisivo.

Rudolph-Christoph Freiherr von Gersdorff, de treinta y siete años, vive y trabaja en el mismo edificio que Tresckow. Sus compañeros lo describen como gracioso y charlatán, alegre y despreocupado. En una fotografía típica lleva la gorra de oficial colocada de través sobre el rostro y muestra una sonrisa retadora. Proveniente de Lüben, en Silesia, sirvió en el cuartel de Kleinburg, en el primer regimiento de coraceros de Silesia *Grosser Kurfürst*, al igual que su padre y su abuelo. Es un hombre profundamente influenciado por el código de honor de tiempos del káiser. Ya en el año 1934, cuando prestó juramento a la persona de Hitler, consideraba que era un juramento «capcioso». Tampoco durante la guerra mantuvo en secreto su oposición al nacionalsocialismo. Conoce a Henning von Tresckow en Coblenza, en mayo de 1940, pocos días antes del comienzo de la campaña francesa. Durante una corta conversación, ambos se dan cuenta de que comparten una gran preocupación por el futuro de Alemania y que tienen un espíritu semejante. Tresckow pregunta si Gersdorff consideraría colaborar con él algún día y éste asiente sin dudarlo. Así se cierra una «alianza a vida o muerte». Un año más tarde, Tresckow hace que trasladen al oficial de caballería a su Estado Mayor. De camino hacia allí, Gersdorff hace escala en Berlín. Su mujer le habla estremecida de las persecuciones contra los judíos que están teniendo lugar allí.

El fusilamiento de judíos rusos tiene lugar en el área de retaguardia del ejército desde el comienzo de la campaña contra la URSS. Gersdorff y otros oficiales del Grupo de Ejércitos Centro se sienten conmocionados ante una masacre perpetrada por tropas de las SS en el gueto de Borisov. Pero no logra impedirlo ni que se castigue a los responsables. En un apéndice de su diario de guerra oficial anota los desoladores hechos: «Durante cualquier conversación larga con algún oficial siempre me preguntan por los fusilamientos de judíos. Tengo la impresión de que casi todos los oficiales los rechazan. [...] Los fusilamientos se verán como un golpe contra el honor del ejército alemán, y en especial contra el de los oficiales alemanes». Aquí se ven los esfuerzos por combatir los peores excesos, pero al mismo tiempo, también tienen lugar en parte, bajo la competencia de Gersdorff, las acciones cada vez más crueles del ejército contra los partisanos. Estas acciones implican cada vez con mayor frecuencia la ejecución de personas inocentes.

Tresckow y Gersdorff han compartido ya muchas experiencias decisivas. Por ejemplo, la acción fracasada en contra de la *Kommissarbefehl*, cuando Gersdorff intentó que los máximos líderes del ejército en Rusia se negaran a obedecerla. También era él quien proveía de explosivos y detonadores, gracias a su conexión con la Abwehr. Todo ello, por supuesto, a cambio de recibos a su nombre. Sabe que con todo ello, Tresckow realiza pruebas sobre el efecto de las explosiones y la instalación de detonadores, aunque no conoce el propósito exacto.

Unos días antes del 21 de marzo, Tresckow invita a Gersdorff a dar un largo paseo. Es una excusa para mantener una conversación en confianza, una conversación que no pueda ser grabada ni escuchada. Caminan por el nevado bosque de abedules del cuartel general y a lo largo del curso del Dniéper, que transcurre, con una anchura de unos cincuenta metros, por un paisaje de prados. Conocen la belleza del entorno por las salidas diarias a caballo propias de cualquier oficial de caballería, y también por algunos paseos en trineo con el mariscal para ir a la caza del lobo. Gersdorff se da cuenta de la «pavorosa seriedad» de la voz de su amigo. Hablan sobre la situación del Reich y sobre la necesidad de proteger a Alemania de su hundimiento, pero eso no es más que el principio. Tresckow le habla del atentado fallido contra el avión de Hitler, y Gersdorff se da cuenta del propósito de las pruebas con los explosivos. Sin embargo, Tresckow debe preguntar ahora algo que nunca ha preguntado a un compañero y que en otras circunstancias ni siquiera consideraría. ¿Estaría Gersdorff dispuesto a saltar por los aires junto a Hitler? Gersdorff responde que es «la pregunta más seria que jamás me han planteado» y pide un momento de reflexión.

Un atentado suicida. Sacrificar la propia vida. Nadie más que Gersdorff puede hacerlo si quieren que Hitler muera dentro de dos días. Es Gersdorff quien ha organizado y preparado, junto con su sección, la exposición de trofeos de guerra en Berlín. Sólo él tiene una excusa para caminar junto a Hitler por las salas y mostrarle los objetos expuestos. Una excusa convincente y que no levantaría ninguna sospecha. Schlabrendorff sigue teniendo el explosivo que no detonó en el avión de Hitler en Berlín. Cabe sin problemas en el bolsillo de un abrigo, pero sólo puede causar daños mortales si explota justo al lado del Führer. Ya hay preparados detonadores apropiados con un tiempo de retardo de diez minutos que el propio Gersdorff ha conseguido.

La mujer de Gersdorff, Renata, falleció por sorpresa un año antes, mientras él pasaba su primer invierno en Rusia. Dice que se siente libre para sacrificar su vida. Pregunta si el acto tiene sentido y si podrá justificarse ante la historia. A lo que Tresckow responde que una organización preparada de la resistencia «entrará rápidamente en acción» para capitular en el frente occidental y mantener el frente oriental para la salvación del Imperio alemán. Tresckow es consciente de que la respuesta es vaga y suena insegura. Lo que pueda ocurrir tras la caída o la muerte de Hitler es algo que se debate ardientemente en la resistencia desde hace años. Las opiniones son muy dispares y los planes cambian con cada giro de la guerra. Aun así, Tresckow quiere concentrarse primero en llevar a cabo la acción decisiva. «¿No es algo monstruoso —medita Tresckow— que dos oficiales alemanes del Estado Mayor piensen juntos en la manera más segura de acabar con la vida de su superior máximo?» Sin embargo, al mismo tiempo deja patente que para él ya no hay otra elección. «¡Hay que sacrificarlo como a un perro rabioso que pone en peligro a la Humanidad!» Gersdorff también siente esa necesidad y acepta sin hacer más preguntas.

Una vez de vuelta en su despacho, Tresckow entra en acción inmediatamente. Llama a Schlabrendorff, en Berlín, y le indica que permanezca en la ciudad y que tenga preparado el explosivo. Después mantiene una serie de conversaciones telefónicas para que su jefe, el mariscal de campo Von Kluge, y su mujer no participen en la visita a la exposición de trofeos de guerra. Hitler había pedido expresamente la presencia de Kluge, pero el mariscal de campo es insustituible en los planes de Tresckow para lo que vendrá después del golpe de Estado. Así que habla, sin decir nada concreto, hasta que lo convence de que permanezca en el frente. Desde que prohibiera el atentado con pistola la semana anterior, Kluge es considerado por la resistencia como un candidato inseguro.

A continuación es imprescindible que Gersdorff, quien hasta ahora no había anunciado su participación, entre en la lista de las personas que pueden acompañar a Hitler durante la exposición. Otra dificultad más es conocer el comienzo exacto de la visita y la duración del paseo de Hitler por la exposición. Ambas cosas parecen casi imposibles. El acceso al dictador lleva mucho tiempo estrictamente reglamentado, y el horario de todas las ocasiones en las que Hitler comparece en público se guarda como un secreto de Estado. El asistente personal de Hitler deniega las peticiones de forma implacable. Aun así, la casualidad hace que venga en ayuda de los conspiradores Model, el oficial que viajará a Berlín en lugar de Kluge, quien no sabe nada de lo que se prepara y es totalmente leal a Hitler. Quiere tener el horario a toda costa porque le gustaría visitar a su mujer. Además no quiere ir a la exposición sin Gersdorff, para poder estar preparado para las preguntas del Führer. Así, la víspera del inicio de la exposición Gersdorff sabe que Hitler pasará a la una en punto del mediodía por delante de la Armería. A continuación dará su discurso en el patio interior, y recorrerá la exposición durante media hora, tiempo suficiente para que detone la bomba. Parece que la suerte vuelve a sonreír a los conjurados.

IV. ATENTADO SUICIDA

Berlín
21 de marzo de 1943

El sol brilla a través de finos jirones de nubes en Berlín el 21 de marzo de 1943. Tras la helada nocturna, la temperatura sube hasta los 14 grados. La avenida Unter den Linden, que en los años de guerra ha perdido muchos tilos y se ha transformado en una monumental superficie desierta, lleva acordonada desde primeras horas de la mañana. Los curiosos son mantenidos a distancia por la policía. No saben cuánto tendrán que esperar, pues la hora de comienzo exacta de la celebración no se ha dado a conocer ni siquiera a los medios de comunicación. El comité de bienvenida espera delante de las esculturas de piedra de soldados de la Armería, que como antiguo arsenal de armas prusiano, siempre ha sido el lugar de celebración de cualquier evento militar. El comité lo forman Hermann Göring, con su bastón de mando recubierto de diamantes, un abrigo de oficial de color claro y botas de color rojo vivo hechas de tafilete. Tras él, el mariscal de campo Wilhelm Keitel, el gran almirante Karl Dönitz, el *Reichsführer SS* Heinrich Himmler, el ministro de Propaganda Joseph Goebbels y otros altos oficiales.

En el recinto de la entrada a la exposición también espera Gersdorff. Las dos minas inglesas se encuentran en el bolsillo de su abrigo, una en el derecho y la otra en el izquierdo. Los detonadores de diez minutos ya están colocados. La tarde anterior ha estado viendo la Armería por dentro y ha comprobado que no hay ninguna posibilidad de colocar las bombas en el atril de orador de

Hitler. Deben ser detonadas junto a su cuerpo, en la cercanía inmediata del dictador, con todas las consecuencias que ello conlleva.

Gersdorff ha pasado la noche en el Hotel Eden. A eso de las doce recibió las minas de Fabian von Schlabrendorff, y no ha conseguido dormir ni un solo minuto en toda la noche. Se siente «como un condenado en su celda antes de la ejecución».

Unas órdenes ladradas con apremio anuncian la llegada de la comitiva de coches de Hitler. Su Mercedes 770, con matrícula IA 148697, se detiene realizando un amplio arco frente a la entrada principal. Mientras aún está deteniéndose, el chófer se baja de un salto y abre con rapidez la puerta de Hitler. Éste parece de mal humor, alza brevemente el brazo derecho haciendo el *Deutscher Gruss* y Göring se adelanta para estrecharle fervientemente la mano. En el vestíbulo, la orquesta comienza a tocar los primeros y apasionados compases de la *séptima sinfonía* de Bruckner. Después Hitler pronuncia un discurso de unos quince minutos de duración. Habla de la «crisis» y del «inmerecido destino» del ejército alemán, del «asalto de Asia interior», que casi está superado, y de la anulación de la prohibición de descanso, que ya dura varios meses. Tras Hitler ondean las banderas del antiguo ejército, de la Wehrmacht, y de las Waffen-SS. Y como es habitual, hay portaestandartes, tiesos como palos, escogidos por su mentón macizo, para que los graben las cámaras del noticiero semanal. Gersdorff está sentado encajado en la tribuna de enfrente y no puede seguir el discurso. Se traga una tableta de Pervitin, un preparado de metanfetamina de producción alemana que se repartía entre los soldados del frente, sobre todo al comienzo de la guerra, para mitigar el miedo y aumentar la capacidad de concentración.

La celebración se está retransmitiendo por todas las emisoras civiles y militares del Tercer Reich. También Henning von Tresckow escucha desde Smolensk lo que el reportero cuenta sobre el final del discurso de Hitler. «El Führer saluda a las banderas y comienza a caminar por el pasillo central hacia la exposición de la Armería, que está dedicada a la lucha en el frente oriental. En esta exposición están representadas todas las secciones del frente oriental. Se muestran trofeos conquistados en batalla contra los bolcheviques. El Führer entra ahora en la exposición. Volveremos a conectar con la colocación de las coronas florales en el monumento conmemorativo.» Tresckow sabe que, en ese momento, Gersdorff entrará en acción en Berlín.

Y así ocurre. Gersdorff se encuentra en la entrada del pasillo junto al mariscal de campo Model y un guía de la exposición de uniforme. Cuando Hitler pasa por delante con un pequeño séquito (Göring, Keitel, Dönitz, Himmler y algunos ayudantes), Gersdorff saluda con el brazo derecho alzado. Tiene la mano izquierda en el bolsillo del abrigo, y en ese mismo instante rompe la ampolla de ácido del detonador. Pero no se atreve a meter la mano derecha en el bolsillo para activar el segundo detonador. Cualquier movimiento para coger un objeto oculto sería sospechoso y podría alarmar a los guardias. Hitler vuelve a darse la vuelta. Le pide al mariscal de campo Von Bock, el antiguo superior de Gersdorff en el Grupo de Ejércitos Centro, que también los acompañe. Y automáticamente se une al grupo el ayudante de Bock, el teniente coronel Hans-Carl Graf von Hardenberg. Con el corazón golpeándole en el pecho, Gersdorff se da cuenta de que ahora está cerca de la bomba un viejo amigo suyo que no sabe nada del atentado, con quien ha servido y que simpatiza con la resistencia. Pero no sirve de nada. Las cosas siguen su curso. No puede pensar en avisarlo. Gersdorff se acerca lo más posible a Hitler. La Armería no tiene calefacción y hace frío. Gersdorff espera que el calor del interior de sus bolsillos valga para que el proceso químico del detonador no se ralentice demasiado y que así su misión acabe pronto…

De las bajas bóvedas de crucería de la Armería cuelgan murales con fotografías y planos, y delante de ellos hay ametralladoras y cañones antiaéreos rusos capturados. También hay uniformes rusos colgando de estructuras metálicas. Gersdorff intenta mantenerse lo más cerca posible de Hitler, lo que consigue sin mucho esfuerzo, pues al fin y al cabo debe estar disponible para cualquier pregunta. Una fotografía hecha en ese mismo instante muestra al grupo ante una pieza de artillería rusa. Alguien está explicando algo, Hitler tiene la mano doblada delante del cuerpo, Göring se aferra a su bastón de mando, y Gersdorff está a menos de metro y medio del dictador.

Pero entonces ocurre algo imprevisto: Hitler decide acortar su visita. Sin decir una palabra, echa a andar por el pasillo a buen ritmo. De nada sirven todos los intentos de Model, Gersdorff e incluso de Göring por hacer que se interese por un águila napoleónica que los zapadores alemanes encontraron durante la construcción de un puente en el lecho fluvial del Berezina. ¿Acaso intuye el peligro? ¿Tiene un sexto sentido para las amenazas contra su seguridad? Probablemente, debido a su situación cada vez más desesperada, ha desarrollado un fino olfato para detectar el nerviosismo en su entorno. Quizá percibe la intranquilidad que emana de Gersdorff. En cualquier caso, en pocos minutos sale casi huyendo de la exposición.

Hasta ese momento, en la radio no se oye más que el crujido de la estática. El locutor se ha quedado mudo. Tresckow mira el reloj fijamente. Se sobresalta al oír de pronto un marcial «Atención» a través del receptor y después una orden incomprensible. La orquesta comienza a tocar una marcha y el reportero de Berlín vuelve a recuperar el habla. «El Führer ha salido de la Armería. El teniente coronel Gehrke, poseedor de la Cruz de Caballero, anuncia la salida ante el batallón que honrará a los caídos en el monumento conmemorativo.» Tresckow no quiere creerlo, no puede creerlo. ¡Hitler ha vuelto a salir indemne!

El dictador ha dejado atrás a buena parte de sus acompañantes y Gersdorff no puede seguirlo fuera. Éste se lo queda mirando, conmocionado. Hitler recorre las filas del Wachbataillon[3] de camino a la ofrenda de coronas de flores en el monumento conmemorativo en el que se ha convertido el edificio de la Nueva Guardia, del arquitecto Schinkel, el cual se encuentra directamente junto a la Armería. Por el camino estrecha la mano de varios heridos. Sólo ahora recuerda Gersdorff la bomba que lleva en sus bolsillos, un sentimiento que más tarde describiría como «bastante incómodo». Consigue sacar el detonador del explosivo, con lo que el mayor peligro desaparece. Se encamina con gran prisa a un servicio situado en la salida oeste. Allí hace desaparecer el detonador y después sale al exterior. Fuera se ha levantado un fuerte viento.

3. Batallón de guardia del Ministerio de Defensa. *(N. del t.)*

V. STAUFFENBERG

Túnez
6 y 7 de abril de 1943

El 6 de abril de 1943, los aliados deciden expulsar definitivamente de África a las tropas alemanas e italianas. El mariscal Montgomery y el 8.º Ejército británico ya han sacado al Afrikakorps de Rommel de Egipto y de Libia, y han logrado controlar el sur de Túnez, donde ahora atacan una posición llamada Wadi Akarit. El propio Rommel, el últimamente poco afortunado Zorro del Desierto, ya ha recibido órdenes de volver a Alemania, pero eso es algo que no debe saber la opinión pública alemana. Desde Argelia, en el oeste, el teniente general Patton, con creciente éxito, castiga al inexperimentado 2.º Korps. Quiere atravesar el frente hasta llegar a las posiciones de Montgomery, y en el camino hacia su meta sólo se encuentra la 10.ª división acorazada alemana. Ésta se encuentra bajo potente fuego de artillería cerca de El Guettar y podría ver cortada su retirada, pero Hitler y el alto mando de la Wehrmacht tienen una conocida aversión a dar la orden de retirada. Y aunque lo hagan, llegarían veinticuatro horas tarde.

La división tiene su puesto de mando en un autobús robado a los británicos, en un bosquecillo de nudosos olivos cerca del cruce de Biar Zelloudja. Las granadas estadounidenses caen muy cerca, y puede oírse fuego de infantería a poca distancia. Cuando amainan los disparos, un hombre sale gateando de un refugio. Se sacude el polvo de su uniforme del color de la arena y sube al autobús. Sus galones muestran la estrella dorada de teniente coronel y el rojo carmesí de las armas del Estado Mayor. Se trata de Claus Schenk, conde de Stauffenberg, de treinta y cinco años, primer oficial de la división y responsable de la dirección operativa y táctica. Recibe las órdenes de su superior, que provienen del sur de Roma, mantiene el contacto con el comandante de la división y con los jefes de brigada en el desierto, y les provee de información y órdenes escritas. Es un hombre que destaca. Mide un metro ochenta y dos de altura, es delgado, tiene los ojos de un azul oscuro metálico y un cabello negro y ondulado.

Todas las ruedas del autobús están destrozadas. Apenas se ha puesto Stauffenberg a sacudir el polvo y los trozos de cristal del mapa de situación cuando suena el teléfono de campaña. Un oficial, cuyo batallón también se encuentra bajo fuego pesado de los estadounidenses y ha sufrido graves pérdidas, pide refuerzos o bien permiso para abandonar la posición. Stauffenberg no tiene reservas que sacarse de la manga, pero sus órdenes dicen que debe mantener el frente a toda costa. Y es eso lo que transmite, sin dejar lugar a dudas, a pesar de que al mismo tiempo intenta dar a sus palabras un tono de compañerismo. «Cabeza alta, hay que aguantar juntos», precisamente hace un momento él mismo se ha tirado al suelo. Está completamente decidido a defender las posiciones hasta la noche para proteger el flanco de sus aliados italianos. Enseguida llega la siguiente llamada. La situación en el sur se recrudece, Montgomery ha logrado romper el frente. Y así continúa: todas las unidades están en aprietos, pero no hay ninguna ayuda. Stauffenberg permanece inamovible, pero encuentra palabras de aliento. Su estilo especial hace más llevadera para la tropa hasta la más dura de sus órdenes. Un oficial que combate con él durante esos días lo describe así: «Tiene ese natural encanto suabo al que nadie puede resistirse».

En ese momento, un teniente de veintidós años se planta delante del autobús. Por su uniforme limpio y de colores que no han sido desvaídos por el sol africano puede verse que es un recién llegado. Se presenta para el servicio. Stauffenberg lo saluda y le muestra en primer lugar las posiciones de control que se han cavado en el suelo del desierto: «Cuando vuelvan a empezar, usted use el agujero derecho, yo usaré el izquierdo».

Entonces comienza una conversación que es interrumpida a menudo. Stauffenberg debe seguir hablando por teléfono. En las pausas describe la situación de la división con palabras claras, así como la desesperada situación global de las tropas alemanas en África. Se interesa por la familia del visitante y por sus experiencias en la guerra hasta la fecha. A continuación le pregunta: «En su opinión, ¿con qué propósito ha venido usted a Túnez». El teniente traga saliva. La mirada abierta de Stauffenberg exige una respuesta sincera. Al mismo tiempo, el cuestionado siente que no tiene que temer ser sincero con este superior. «Para tomar prisioneros», responde, dejando la frase en el aire. Stauffenberg se ríe con su típica risa sonora y franca que recuerdan todos aquellos que le han conocido.

—Bien, bien, entonces tiene suerte —dice—. La guerra ha acabado para nosotros.

El teniente está impresionado, y más tarde recordará que el hombre le parece «el modelo ideal de oficial». Desprende una autoridad natural, pero al mismo tiempo sabe cómo quitar el miedo a sus subordinados.

El teniente se despide y se pone en camino hacia la unidad de la que debe tomar el mando en mitad del ataque. Nunca volverá a ver a Stauffenberg.

Claus Philipp Maria Schenk, conde de Stauffenberg, nacido en 1907 en la ciudad bávara de Jettingen, proviene de la antigua nobleza suaba y creció en el Jura de Suabia, en Stuttgart y en Lautlingen. Tras su nacimiento, su hermano gemelo, a quien se le dio el nombre de Konrad, murió pero Claus tiene dos hermanos mayores, Berthold y Alexander, que a su vez también son gemelos. El padre fue un alto funcionario de la corte del último rey de Wurtemberg. Entre sus antepasados de la rama materna se encuentran los famosos militares prusianos Gneisenau y Yorck. Cuando era joven, Stauffenberg tocaba el chelo y, al igual que sus hermanos, demostraba intereses muy amplios, desde el arte a la historia y la política, pasando por la poesía. Sus padres contaban con que quisiera ser arquitecto, pero tras acabar el bachillerato en 1926, entró en el 17.º regimiento de caballería de Bamberg como cadete para comenzar la carrera de oficial. Allí llama la atención porque recita poesía ante sus compañeros y en sus horas libres practica con su instrumento. Pero nadie duda de que su mayor pasión la constituye el ejército. El don de comandar a las personas, de liderarlas y de arrastrarlas con él parece serle innato. Por otro lado, no se toma nada en serio la obtusa disciplina oficial. Su uniforme está siempre arrugado y nunca se ajusta del todo a los reglamentos; maltrata su gorra continuamente, y a veces incluso parece colocársela no del todo bien adrede, lo justo para evitar por los pelos la reprimenda de un superior.

Termina la formación de caballería sin esfuerzo y participa en varios campeonatos como jinete. Con veintidós años se presenta al examen de oficial y es el primero de su promoción. Permanece en el regimiento de Bamberg hasta el verano de 1934, y allí vive la toma de poder de los nacionalsocialistas. Los informes que han llegado de ese tiempo sobre su opinión de Hitler muestran una imagen contradictoria. Lo que no ofrece ninguna duda es que siguió los acontecimientos con pasión y que tenía grandes esperanzas en un «cambio radical de la nación», del que los militares salieran reforzados. También está claro que muchos de los métodos de los nacionalsocialistas le parecían repulsivos. Al parecer, tras el nombramiento de Hitler como canciller el 30 de enero de 1933, dijo delante de sus compañeros: «¡El cerdo ha acabado por lograrlo!» Se ha discutido mucho sobre si la noche de ese mismo día se unió a la multitud que festejaba el nombramiento de Hitler y se puso al frente de ellos yendo de uniforme. No hay testigos oculares que así lo confirmen, sino solamente informes de segunda y tercera mano que no corroboran nada, si bien tampoco pueden ser desestimados con firmeza.

A partir de octubre de 1936, Stauffenberg estudia en la academia militar de Berlín. Allí redacta un estudio sobre la «Defensa contra paracaidistas enemigos en el territorio del país», que entonces era un instrumento bélico completamente nuevo. El estudio le reporta un primer premio y años más tarde sigue siendo una obra fundamental sobre el tema. Las expectativas son altas para el joven sobresaliente, que con su temperamento y elocuencia aprueba el curso sin que se lo vea trabajar muy a menudo.

Un general de la antigua escuela recuerda que pensaba que Stauffenberg era «genial» y que lo veía como un posible heredero de los grandes líderes del pasado. Otro compañero afirma que apostaría todo a que «ese hombre aún esconde capacidades». El escultor Ludwig Thormaehlen, a quien Stauffenberg sirve de modelo durante esa época, también describe el sorprendente efecto que el joven militar tiene sobre su entorno: «No es sólo que su presencia agradara, sino que despertaba entusiasmo y encanto de inmediato, y en todas partes adonde acudía. Su alegría vital, su actitud positiva en general eran tan contagiosas que arrastraban a cualquiera […] Las preocupaciones vitales, el escepticismo y los escrúpulos, si estaban presentes en algún lugar, desaparecían por completo en su presencia.»

Como capitán de caballería y oficial del Estado Mayor de la 1.ª división ligera, Stauffenberg toma parte en la ocupación de los Sudetes en el otoño de 1938. Y no mucho después descubrirá adónde le llevará esto. «El idiota va a la guerra», dice sobre Hitler. Él no es partidario de la guerra, pero los rápidos éxitos militares de Hitler lo impresionan. Lucha en la campaña de Polonia, y en mayo de 1940, tras el traslado de su regimiento a la 6.ª división acorazada, también participa en la invasión de Francia. Cuando las victorias alemanas también se ponen de manifiesto allí, Stauffenberg concede a Hitler un «olfato para lo militar». Al contrario que sus generales, el Führer supo que las líneas defensivas francesas podían atravesarse. Y delante de un conocido, con quien se encuentra durante su permiso de vuelta a casa, no quiere volver a despreciar al «Führer y canciller del Reich» llamándolo «pequeño burgués»: «El padre de ese hombre es la guerra», dice de él.

Stauffenberg deja una impresión duradera en la tropa. Un compañero de esa época lo describe como «venerado y admirado por compañeros y subordinados, estimado por todos los superiores». En cualquier situación era capaz de «encontrar el tono adecuado y las formas correctas... espléndido y hermoso... un favorito de los dioses». Los talentos del oficial de veintitrés años no pasan desapercibidos al alto mando de la Wehrmacht. En mayo de 1940, Stauffenberg es llamado a la sección de organización del Estado Mayor del ejército, donde dirige el informe *Friedensheer* (referente al ejército en tiempos de paz), en el que estudia las experiencias con armas y tácticas de las tropas en combate para transformarlas según nuevas directrices organizativas. Vive desde el cuartel general los siguientes dos años y medio de la guerra, el orgullo desmesurado del éxito y el comienzo del fin: el armisticio con Francia, la guerra aérea en Inglaterra, la invasión alemana de los Balcanes, el desembarco en Creta, la campaña de Rusia, la trampa del invierno ruso, la declaración de guerra alemana contra Estados Unidos, el avance de Rommel hasta Egipto, el desembarco de los aliados en África, la aniquilación del 6.º Ejército en Stalingrado.

Viaja continuamente al frente para encontrarse con estados mayores y recibir nuevas informaciones sobre cómo se está llevando la guerra, de Borisov a Berezina, a Crimea, Finlandia, Belgrado, París y Atenas. Debido al traslado hacia el Este del cuartel general, cambia de destino con frecuencia: de Bélgica a la ciudad de Märkische Heide, junto a Berlín, de ahí al campamento Mauerwald en Prusia Oriental, a Vinnitsa en Ucrania y de vuelta a Mauerwald. Las tareas de organización y burocráticas no le resultan pesadas. Sus compañeros le encuentran casi siempre al teléfono, detrás de montañas de expedientes. Leer, firmar, hablar por teléfono, todo lo hace al mismo tiempo, y entremedias dicta a toda velocidad observaciones sobre expedientes, cartas y notas. Las jornadas de dieciocho horas son su norma, y sus compañeros envidian su capacidad de concentración. Son temidas sus «apostillas fulminantes», que en muchas ocasiones dan en el clavo y dejan en jaque a su interlocutor.

Y sin embargo, el desarrollo político y los crímenes del régimen nazi no pasan inadvertidos a Stauffenberg, y tampoco lo dejan indiferente. Sólo de pensar en lo que ocurre en su ámbito de competencia, la planificación y organización de los soldados, le asalta ya la desesperación. Las grandilocuentes promesas de Göring sobre la capacidad de la Luftwaffe, que nunca se cumplen, le llenan de ira, al igual que a muchos soldados del Ejército. Cuanto más intenta Hitler vincular a su persona el mando de todas las operaciones militares, mayor es el caos organizativo que reina en el nivel inferior. Stauffenberg se desespera ante la disgregación de los niveles de decisión y de mando, por la realidad existente entre los distintos estados mayores y ante las interminables tomas de decisiones. Ya en 1941 había hecho un discurso en la academia militar diciendo que la estructura de mando alemana era más absurda que si alguien la hubiera diseñado con la peor intención. Como experto en avituallamiento militar, también se dio cuenta de que las reservas alemanas estaban agotadas. Intentó incesantemente montar grupos de voluntarios en el Este para solventar las estrecheces, cada vez más visibles. Los habitantes de los territorios conquistados, mientras no fuesen comunistas convencidos, eran para él valiosos aliados contra Stalin, mientras que Hitler sólo veía en ellos a «infraseres» eslavos.

Al ver que estos y otros esfuerzos no llevan a nada, Stauffenberg da la guerra por perdida y habla de ello con una franqueza cada vez mayor. Sin embargo, aún espera evitar al menos una derrota en el frente oriental mediante una concentración de fuerzas. Igual que a la mayoría de oficiales alemanes, el miedo a ser invadidos por los bolcheviques le hiela la sangre. Trabaja con todo su empeño para cambiar el rumbo de las cosas, pero la ceguera de Hitler se hace más evidente con cada día que pasa. Stauffenberg se da cuenta, antes del final del segundo invierno de la campaña rusa, de que la tarea del Estado Mayor sólo consiste en enviar a cientos de miles de soldados alemanes a una muerte sin sentido. Precisamente en el momento en que decide no seguir formando parte de esa locura, recibe la orden de traslado al frente africano. Sabe que la derrota y la captura amenazan a los alemanes allí destinados, pero acoge la noticia con alivio. «Es hora de que desaparezca de aquí», le dice a sus compañeros del alto mando. Llama a su traslado «una huida al frente», que descarga de sus hombros toda responsabilidad en la estrategia militar.

La mañana del 7 de abril de 1943, la retirada de la 10.ª división acorazada alemana está en marcha. El avance de las tropas terrestres estadounidenses se hace esperar, aunque hay cazabombarderos británicos y estadounidenses por todo el espacio aéreo sobre la frontera entre Túnez y Argelia. La visión está despejada y el suelo, seco. Las pistas de arena de los aeródromos aliados están operativas. Es un día ideal para la Desert Air Force y su estratega, sir Arthur Coningham, el mariscal de campo más joven de la historia militar británica. En las últimas semanas ha mantenido un dominio aéreo total sobre el desierto. Unas líneas de aprovisionamiento seguras y los recursos de los estadounidenses le permiten reforzar su flota semana tras semana. Solamente su *Tactical Force* cuenta estos días con casi 600 aviones operativos, responsables del apoyo directo de las tropas de tierra. Los alemanes se esfuerzan por recuperar los cielos. A los cazabombarderos de Coningham les gusta atacar de improvisto tras ocultarse en el resplandor del sol, por lo que a menudo no se les ve hasta el último momento. Los rápidos monomotores Spitfire británicos suenan como avispones furiosos al caer; los Curtiss P-40 Warhawk estadounidenses emiten un inconfundible silbido por la enorme rejilla de su radiador; cuando aparecen las altas colas del bombardero Douglas A-20, con sus blancas estrellas de cinco puntas, causan tanta destrucción como los Blenheim Bisley, con el círculo rojo-blanco-azul de la Royal Air Force, que escupen ráfagas de ametralladora desde el morro. La división de Stauffenberg sufre mientras avanza por pistas del desierto estrechas y sin protección, situadas por encima del paso de El-Hafay y a lo largo de la orilla del lago salado Sebkret en Noual.

El teniente coronel ha recibido informes catastróficos durante toda la noche y ha dado órdenes de retirada sólo para traer algo de orden al caos. Un alférez del 90.º regimiento de artillería pesada tuvo que informar de que sus hombres estaban cayendo «como patos de feria» a menos de cien metros de distancia. Las unidades del sur fueron arrolladas por Montgomery y se hicieron 7.000 prisioneros. A primera hora de la mañana, los aviones de reconocimiento aliados habían divisado los movimientos de retroceso alemanes, y desde entonces había llegado una oleada tras otra de bombarderos y de cazas en vuelo rasante. En la parte alta de los pasos hay peligrosas angosturas en las que la retirada se encalla. Los valiosos tanques Tiger de la sección 501, que no debían caer en manos enemigas en ningún caso, ya habían logrado huir, al igual que el batallón motociclista. La retaguardia pudo ponerse por fin en movimiento, y con ella también Stauffenberg. Éste viaja en un vehículo de mando abierto, el anguloso Kübelwafen «Horch», la versión militar del Volkswagen Escarabajo. Por lo general va de pie, para ver lo que sucede. Lo acompañan varios vehículos de radio del cuerpo de comunicaciones. Delante de Stauffenberg y de su pequeña tropa sólo hay una llanura que no ofrece ningún tipo de protección. Entre el lago salado

Sebkret en Noual y el siguiente paso, la llanura se estrecha. Esa mañana, el comandante de la división ha advertido especialmente de los aviones en vuelo rasante. «Seremos muy afortunados si salimos hoy de aquí —dice Stauffenberg a un teniente—. Como es habitual, nos hemos retirado 24 horas demasiado tarde.»

Cuando la columna de Stauffenberg alcanza el lago salado, ante los hombres se presenta una visión aterradora: docenas de Kübelwafen alemanes, piezas de artillería y blindados de la división han volado por los aires, están destruidos o ardiendo aquí y allá. Los restos ofrecen objetivos claramente reconocibles y aullantes Spitfires y Warhawks se precipitan disparando una y otra vez sobre el lugar. La munición explota y los soldados se lanzan en busca de protección. Quien aún es capaz de ello espera hasta que el cazabombardero enemigo ya no puede cambiar la dirección de sus disparos para apartarse en el último segundo. Los heridos no pueden ser salvados. En cuanto una oleada de atacantes se aleja, los supervivientes intentan poner en marcha los vehículos que aún funcionan antes de que llegue la siguiente tanda.

Stauffenberg conserva la calma en ese infierno. Se mantiene de pie sobre el vehículo y va de una unidad a otra, intentando organizar la huida. Un avión enemigo pone el frontal de su coche en su punto de mira, y Stauffenberg salta fuera del vehículo y se lanza al suelo. Un disparo atraviesa los parabrisas, y el coche es completamente agujereado. Stauffenberg resulta herido de gravedad. Un soldado que pasa a su lado lo reconoce y grita que el primer oficial está herido. Dos o tres hombres se apresuran en su ayuda y llaman a un vehículo médico que acude de inmediato. Al levantar a Stauffenberg descubren que tiene una grave herida en la cabeza. Además, su ojo izquierdo está sangrando y sus manos están acribilladas. A continuación, todos los que están en condiciones de hacerlo se marchan del lugar del combate tan rápido como pueden. El comandante de la división, que, según las directrices de seguridad, no puede viajar en la misma columna que su primer oficial, llega una hora más tarde y debe lanzarse cuerpo a tierra sobre la arena en varias ocasiones. Los cazas aliados siguen atacando. Cuando ve el vehículo de Stauffenberg abandonado y completamente acribillado, se teme lo peor.

VI. EL HOSPITAL MILITAR

Múnich,
de abril a junio de 1943

La primavera del año 1943 trae a Alemania un temprano despertar de la naturaleza. Poco antes de Pascua, los manzanos están en pleno apogeo y las cerezas casi han dejado atrás su floración. El Viernes Santo cae el 23 de abril. El tiempo es seco, soleado y cálido, como si fuera verano; un contraste extraño con el triste motivo de esa celebración cristiana. Nina, condesa de Stauffenberg, de treinta años, se apresura por las calles de Nymphenburg, barrio de Múnich; es una mujer delgada y agraciada, de mirada decidida, y lleva el pelo corto según la moda de la época. Sabe desde hace once días que su marido fue gravemente herido en África, y ahora lleva dos días en el hospital militar de la Reserva I de Múnich, tras haber sido trasladado en barco hasta Livorno y transportado en tren al otro lado de los Alpes.

Nina Stauffenberg ha dejado en el Jura de Suabia a sus cuatro hijos, de los cuales el mayor, Berthold, tiene ocho años, y la más pequeña, Valerie, dos. Allí es donde viven todos desde hace casi un año, con su suegra. Nina ha hecho sola el viaje a Múnich. Ahora se encuentra en la calle, ante el enorme hospital militar, una visión que casi provoca miedo. El enorme edificio de tres pisos de ladrillo y de ventanas blancas se alza como un gigante insuperable en ese barrio del noroeste de Múnich. Quien entra por la puerta principal apenas puede abarcar con la vista la longitud de los pasillos laterales, que se extienden a lo largo de más de medio kilómetro. Ahí se encuentran más de ochocientos soldados heridos. Es un símbolo de las víctimas que se cobra la guerra cada día, y parece difícil encontrar una habitación determinada en este laberinto. Nina Stauffenberg no puede apenas imaginarse en qué estado encontrará a su marido. Pero en esta época de muerte por doquier, al menos está con vida.

Tras el ataque de los aviones en el desierto tunecino, el chófer de Stauffenberg, que no estaba herido, cargó su cuerpo de nuevo en el vehículo. Tras ellos dejaron el cadáver de un teniente alcanzado por las balas. De camino al hospital de campaña más cercano encontraron a un médico auxiliar en un trailer médico capturado a los ingleses. El médico puso a Stauffenberg, quien estaba plenamente consciente pero no podía ver nada debido a la sangre seca que cubría sus ojos, un vendaje con sulfamidas y explicó al conductor cómo llegar al siguiente puesto de mando. El teniente coronel llegó más tarde a un hospital de campaña cerca de Sfax. Allí se le amputó la mano derecha por encima de la muñeca, así como el dedo meñique y el anular de la mano izquierda. El ojo izquierdo también tuvo que ser extraído. Los médicos discutieron varios días acerca del derecho, hasta que finalmente quedó claro que Stauffenberg lo conservaría. El siguiente transporte, asediado por los cazas rasantes, llevó a los heridos graves del hospital de campaña a Túnez-Cartago, y desde allí se informó a su familia sobre sus heridas.

El contenido del mensaje es tan terrible que Nina Stauffenberg está preparada para ver esas heridas: nunca ha tenido ninguna duda de que es la esposa de un soldado que antepondrá principios como la valentía, el compañerismo y el cumplimiento del deber a su propia seguridad. Es cierto que dice de ella misma, bromeando, que es una «mala mujer de soldado», pero cree que su obligación es apoyar a su marido y no cargarle con sus problemas.

Nina Stauffenberg nació como Nina, baronesa de Lerchenfeld en 1913, en la ciudad lituana de Kaunas, y creció en Bamberg como la hija del tesorero real bávaro y de una noble báltica. A la casa de su padre, que también fue cónsul general del káiser, acudían oficiales del regimiento de caballería de Bamberg, entre ellos Stauffenberg, quien estaba llevando a cabo su formación en ese regimiento. El oficial conoció «como mandan los cánones», a la joven Nina, de dieciséis años, en un baile. Al principio a ella no le impresionó mucho, aunque su madre quedó fascinada de inmediato por los buenos modales de Stauffenberg. Y sus amigas no dejaban de hablar de él. Por terquedad, la joven decidió no dejarse impresionar por el apuesto oficial, pero él sí estaba impresionado por ella. Y las cosas siguieron su curso. Un año después, en noviembre de 1930, el joven alférez y la estudiante se prometieron. Ella le preguntó por qué la había escogido, y él afirmó que le parecía la madre más apropiada para sus hijos. Delante de su futura suegra empleó una cita de Federico el Grande, según la cual la mujer de un oficial es un mal necesario. Los soldados no deberían casarse, pero al menos en tiempo de paz es necesario cubrir la necesidad de una familia y de tener descendencia. Esto molestó a su suegra, que tampoco podía entender por qué el trabajo de Stauffenberg le dejaba tan poco tiempo para su prometida. Le gustaba despotricar contra la falta de formalidad de los soldados. Pero Nina sentía lo importante que eran el servicio y el deber para su futuro marido. Dice que para ella no hay problema, y decide no quejarse nunca de la vida que ve abrirse ante ella, pues ya estaba bajo el encanto de Stauffenberg: «Él era consciente, con toda modestia, de ser alguien fuera de lo común, alguien importante», recuerda Nina.

No obstante aún no podían casarse. Un soldado del ejército del Reich debía tener veintisiete años o haber pasado ocho años de servicio para poder hacerlo, ya que antes de ello, su paga no le permitía sostener a una familia. Con un préstamo de medio año y el apoyo financiero del padre de Nina, la boda pudo celebrarse por fin a finales de septiembre de 1933. Una foto muestra a los novios en los escalones de la iglesia de san Jacobo de Bamberg, donde antiguamente tenían lugar los casamientos de la guarnición. Stauffenberg lleva el uniforme de gala completo con el casco de acero. Del cinturón cuelga el sable de honor que ganó como primero de su promoción. «La boda es un deber», dijo a su esposa antes de la misma. Nina lleva un vestido de novia blanco y de corte estrecho y un velo con una corona de flores. Su apariencia es de una elegancia simple y espontánea. El banquete de bodas tuvo lugar en el Bamberger Hof, y el viaje de novios lo pasaron en Italia, debido a un programa de visitas subvencionadas, una consecuencia de los primeros acercamientos entre el nacionalsocialismo y el fascismo. El viaje incluía la visita a una exposición en Roma, que celebraba el aniversario de los diez años de gobierno de Mussolini. Sin embargo, el recién casado Stauffenberg hizo mucho hincapié en visitar iglesias y museos de Verona, Ostia y Florencia.

Stauffenberg no tardó en fundar una familia. Diez meses después de la boda, en julio de 1934, nace Berthold, su primer hijo. Dos años más tarde le sigue Heimeran, el segundo. Y de nuevo dos años después llega Franz Ludwig, el tercero. La joven familia vive su época más feliz. Stauffenberg no tiene nada de marcial mientras juega con sus hijos pequeños, quienes llevan el pelo largo. Su carácter dulce y entusiasta se pone de manifiesto con sus hijos. En septiembre de 1938 regresa al servicio militar en los Sudetes. En ese momento aparecen todos los signos de la inminente guerra. Cuando Nina se queja en las primeras semanas de que le escribe demasiado poco desde el frente, él decide llevar un diario con sus experiencias durante el avance en Checoslovaquia que más tarde le hará llegar. La anexión pacífica del territorio checo lo decepciona, y la describe como una «solución débil». Hitler se encargará de que algo así no vuelva a suceder, lo que es bien acogido por el Stauffenberg soldado. La campaña de Francia, en la que toma parte en el frente junto a su regimiento, parece poner de manifiesto la habilidad militar de Hitler. La sorprendentemente rápida victoria provoca la euforia y la conclusión completamente marcial que Stauffenberg extrae en relación con la vida familiar. En junio de 1940 escribe lo siguiente en una carta a Nina: «Si enseñamos a nuestros hijos que sólo la lucha y el esfuerzo constantes por la renovación pueden salvarnos del declive —tanto más así cuanto más grande sea lo conseguido— y que la permanencia, la conservación y la muerte son una y la misma cosa, entonces habremos cumplido la mayor parte de nuestro deber nacional relativo a la educación».

Claus, conde de Stauffenberg yace ahora en Múnich, en una habitación de dos camas de la sección II del hospital militar. En este Viernes Santo, su situación es inestable, tiene una fiebre alta. Aún tiene trozos de metal por todo el cuerpo que ahora supuran, especialmente bajo el cuero cabelludo y el brazo. Tiene una inflamación del oído medio que le produce fuertes dolores y que debe operarse pronto. La articulación de la rodilla también preocupa a los médicos. Sospechan de un virulento y mortal tétanos. Stauffenberg rechaza los analgésicos y los somníferos, y cuando está despierto, se halla plenamente consciente. Nina Stauffenberg nunca contó lo que sintió en el momento en el que vio por primera vez en ese estado a su enérgico y alegre marido: el muñón del brazo vendado donde hasta hacía poco estaba la mano con la alianza, la venda del ojo que cubre un agujero vacío. Se corresponde con su carácter y con su educación aristocrática el mantener una actitud estoica y no dejar que se le noten sus sentimientos. Su hijo Franz Ludwig dice, por ejemplo, que nunca la vio llorar.

Tan mala es la situación de Stauffenberg como buenos los cuidados médicos que recibe; el jefe de quirófano del hospital militar es el doctor Max Lebsche, de cincuenta y seis años. Un bávaro distinguido, calvo y con bigote, uno de los representantes más conocidos de la escuela de cirugía de Ernst Ferdinand Sauerbruch. Se le considera el mejor para toda clase de heridas de guerra, y ahora está explicando a Nina Stauffenberg la posibilidad de colocar una prótesis de mano a su marido. Esta intervención, que se ha ido posponiendo debido a las complicaciones y que finalmente se descartará del todo, pondrá más tarde en contacto a Stauffenberg con el maestro de la profesión, el mismo Sauerbruch.

Quizá en lo que menos piensa el paciente Stauffenberg sea en las dificultades de su restablecimiento. Poco después puede constatarse que en los momentos en que está despierto le ocupan cosas muy distintas. Sigue sus tendencias literarias y se ocupa en corregir una versión de la *Chanson de Roland* medieval, en la que trabaja un viejo amigo, o en la traducción del séptimo canto de la *Ilíada* de Homero. Recibe muchas visitas de su familia y de sus compañeros. Entre otros, su antiguo jefe del Estado Mayor en Mauerwald le trae la condecoración de oro por haber sido herido en combate. Habla con algunos de los visitantes sobre la catastrófica situación del país y sobre la gran tarea que tiene cada individuo que aún pudiera cambiar algo. «¿Sabes qué? Tengo la sensación de que ahora debo hacer algo para salvar al Reich.

Como miembros del Estado Mayor, todos tenemos parte de responsabilidad.» Esto afirma mientras habla con Nina. Lo dice como de pasada, acompañado de una risa. «En tu estado actual no eres el apropiado para ello», le responde ella. La preocupación y un poco de burla resuenan en su respuesta, como también la suposición no dicha de que no puede estar hablando en serio. Stauffenberg no responde, pero su silencio da la impresión a su mujer de que la frase podría ir en serio. Cada vez que recuerda ese momento, está más convencida de que en ese instante, junto a la cama de hospital en Múnich, vivió el «momento en el que él maduró su decisión».

VII. REUNIÓN FAMILIAR

Lautlingen,
julio de 1943

El 5 de julio de 1943, una locomotora a vapor de los ferrocarriles del Reich resuella mientras sube las pendientes del Jura de Suabia. Es un día cálido, pero el cielo comienza a cubrirse a medida que avanza la mañana. Claus Stauffenberg, vendado y apoyado sobre un bastón por la debilidad de sus piernas, recorre el familiar camino de su infancia. El castillo de Sigmaringen se alza sobre el Danubio; la bonita estación habla de la «fiebre del ferrocarril» de la *Gründerzeit*,[4] que también llegó a los alejados pueblos del Jura. El tren continúa su camino por el valle del Schmeie durante una hora, pasando por la divisoria entre el Danubio y el río Neckar hasta superar el punto más alto, en Ebingen, y volver a descender hacia el valle. Tan pronunciada es la pendiente que a veces, al subirla, la locomotora se queda parada, hace sonar su quejumbroso silbato y tiene que ser remolcada por un tren automotor. Allí se elevan las blancas rocas calizas de la zona del Albtrauf, y en el valle se encuentra Lautlingen, un pueblecito con cerca de mil habitantes. En cuanto el tren entra en el lugar, tras pasar el viaducto de Lautlingen, puede verse de inmediato la residencia familiar de Stauffenberg: un sólido edificio de estilo Biedermeier de líneas cuadradas, rematado con un techo holandés y rodeado por cuatro

---

4. Época de esplendor económico en la segunda mitad del siglo XIX, conocida como «Época de los fundadores». *(N. del t.)*

antiguos muros con torres cubiertas de hiedra, establos, la casa para el servicio y una casa de montería decorada con entramado de madera. Por el extremo más bajo de la finca discurre el Messtetten, que salva un puente de madera. Hasta su muerte, el viejo Stauffenberg arrancaba las malas hierbas del jardín, injertaba los árboles frutales e incluso había logrado cultivar alcachofas en el duro clima del Jura. A tiro de piedra de la finca se encuentra la parroquia católica de St. Johannes, con su torre barroca y el panteón familiar de los Stauffenberg. Lautlingen es una excepción, uno de los dos pueblos católicos que se encuentran en ese entorno protestante.

Al conde Claus von Stauffenberg le encanta este lugar. Aquí es donde él y sus dos hermanos mayores, los gemelos Berthold y Alexander, pasaban cada año las vacaciones de verano, y aquí puede recuperarse ahora de sus heridas durante más de un mes, rodeado de su familia. Como siempre que llega un visitante anunciado, los habitantes de la casa y los invitados acuden a la cercana estación y esperan en las barreras del andén. Tras los felices saludos y la bienvenida por la vuelta al hogar, el equipaje se carga sobre viejas carretas de burros, aun cuando ya no hay ningún burro como aquel en el que montaba Stauffenberg cuando era niño. Ahora hay que pasar por las pequeñas fábricas textiles que han traído al pueblo trabajo y un modesto bienestar, y por delante del restaurante Kronenwirt para llegar a la puerta del jardín del castillo. Ahí esperan la condesa Caroline, de sesenta y ocho años y madre de Stauffenberg, y su tía Alexandrine, de setenta años y enfermera jefe de la Cruz Roja, quien siempre lleva puesta su cofia de enfermera. Ambas pertenecen a la nobleza báltica. Stauffenberg llega justo a tiempo para la confirmación de Berthold, su hijo mayor, que dos días atrás ha cumplido nueve años. El niño, a quien nadie ha dicho nada, se lleva una feliz sorpresa. Acuden en un coche alquilado con sus padres a la parroquia de Ebingen, donde el obispo, que sólo realiza una visita cada cuatro años, espera a todos los confirmandos.

Durante las siguientes semanas, Stauffenberg se queda en cama a menudo. Su habitación del segundo piso ofrece una vista al sudeste. Puede ver la torre de la iglesia, el viaducto, el valle de Messtetten y una colina poblada de bosques que los lugareños llaman s'Hardt. Cuando era un colegial caminaba a menudo hasta allí. Su prima Olga, estudiante universitaria que está de visita, recuerda que una vez arrancó la ventana de la habitación donde descansaba su primo. Eso hizo que tomaran el pelo a Stauffenberg diciéndole que había heredado la manía de la ventilación de su madre. Olga cuenta que ese día hacía algo de frío, y que esas semanas lo hizo mucho más. En la zona, tradicionalmente, julio es el mes más lluvioso de todo el año.

Poco a poco, Stauffenberg va participando de la vida cotidiana de la casa. Han comenzado las vacaciones; sus hijos juegan con sus compañeros de clase en el patio, bajo el haya roja, y junto a la torre norte del muro, donde Stauffenberg buscaba un rincón para leer y filosofar siendo aún colegial. Mika, la mujer de su hermano Berthold, también está allí con sus hijos, Alfred y Elisabeth. Stauffenberg está sentado entre los pequeños bajo los manzanos del jardín. Lleva pantalones cortos y calcetines hasta las rodillas. Sus piernas están cubiertas de cicatrices; un trozo de tela bajo el parche negro protege la cuenca del ojo herido; tiene un aspecto demacrado. El que le vayan a poner una prótesis de mano en Múnich espolea la imaginación de los niños. Hablan en alto y apuestan acerca de quién se llevará la primera «bofetada dada con mano de madera». Franz Ludwig cree recordar incluso que su padre llegó a emplear la expresión como amenaza cómica. En cambio, a su madre le chocan tales conversaciones.

El ánimo de vivir de Stauffenberg regresa poco a poco. Practica incansablemente la escritura con la mano izquierda y el vestirse con ayuda de los dientes. Continuamente rechaza, de mal humor, la ayuda que le ofrecen. Cada domingo, al prepararse para ir a la iglesia, donde los Stauffenberg se sientan en su palco situado sobre el coro, la colocación de la daga de su uniforme le cuesta un gran esfuerzo. Sin embargo, nunca iría a la iglesia sin el arma. Con el ojo sano calcula las distancias durante los largos paseos por los alrededores. «Mi fortalecimiento avanza vigorosamente —le escribe a un amigo el 20 de julio—. Ya he ascendido las pocas montañas altas y he dejado de necesitar bastón.» El gran reto sigue siendo el Heersberg, cuyas blancas rocas se alzan sobre el lugar e invitan al ascenso por el «camino de mulas», donde en años anteriores hizo maniobras la infantería de montaña con sus animales de carga.

El día a día en Lautlingen transcurre entre calmados rituales: las grandes mesas redondas en el comedor, donde los niños tienen que guardar silencio; el café tras la comida, tomado en el jardín, donde la condesa Caroline pide una vez más a los presentes que ayuden a desenvainar guisantes, «todos juntos acabamos en cinco minutos»; las veladas delante del retrato de juventud de la «bella Valerie», como Stauffenberg llama a su abuela fallecida hace mucho; o los conciertos caseros en el ala vienesa del llamado «salón». La condesa Alexandrine, con su traje de enfermera, se afana diariamente en el patio y ayuda al jardinero. Caroline recibe muchos invitados y visita a las familias del pueblo, quienes pueden contar con su ayuda en caso de enfermedad o de necesidad. Caroline dijo en una ocasión que nadie necesitaba la *Volksgemeinschaft* o «comunidad del pueblo» que propugnaba Hitler. En Lautlingen, esa *Volksgemeinschaft* entre la nobleza y los habitantes del pueblo es una realidad desde hace mucho tiempo.

La lucha y el destino del Tercer Reich se ven aquí como algo muy lejano. Pero Claus von Stauffenberg sabe que lo esperan duras tareas. Ya en mayo recibió una llamada desde Berlín que significaba mucho más que sólo un nuevo puesto en el Estado Mayor. Y su decisión de aceptar ese puesto ya es firme. El 9 de agosto está de regreso en el hospital de Múnich, donde le colocan un ojo de cristal. También se habla de la prótesis de la mano, pero la operación debe retrasarse cuatro semanas porque la metralla incrustada en el brazo derecho ha comenzado a supurar. Cuando Stauffenberg oye esto, no espera más y toma el siguiente tren a Berlín.

VIII. CONJURA

Berlín y Bamberg,
agosto de 1943

El martes 10 de agosto de 1943 Stauffenberg llega a la estación de Potsdam en Berlín. En esos momentos aún queda un mes y medio para que tome posesión de su nuevo puesto.

Berlín ya no es la ciudad que Stauffenberg conoce de su época en la academia militar. Han comenzado los grandes bombardeos de área de los aliados. Por las noches descargan los aviones ingleses y por el día los estadounidenses. Está terroríficamente presente el ejemplo de Hamburgo, que se convirtió en un infierno en llamas y fue arrasada por las bombas hace apenas dos semanas, durante la Operación Gomorra, en la que fallecieron 36.000 personas. Desde hace días está vigente una alerta general para la evacuación de la capital, emitida por Joseph Goebbels en calidad de Gauleiter. De la ciudad ya ha huido un millón de habitantes y para tranquilizar a los que han permanecido se publican doce *Luftschutzgebote*, consignas para la protección antiaérea. «Las bombas incendiarias son artefactos hechos por el hombre, ¡piensa en ello al enfrentarte a ellas!» se dice en uno de ellos. «El corazón valiente, el espíritu decidido y la sangre fría son más fuertes que el terror provocado por nuestros enemigos.» A menudo hay aviones británicos solitarios que sobrevuelan en círculos Berlín durante horas para obligar a sus habitantes a entrar en los refugios y paralizar la vida de la ciudad. Del frente oriental y de Italia llegan malas noticias.

Ese día Stauffenberg conoce al hombre que con tanta insistencia le llamó a su lecho de hospital en Múnich. Es el general de infantería Friedrich Olbricht, de cincuenta y cinco años, el líder de la resistencia militar de Berlín. Olbricht vive con su mujer, su hija y el marido de ésta en la zona más exterior de Dahlem. La lujosa villa de varios pisos, con balconada y rotonda, está situada justo en el límite del bosque. Al otro lado de la casa comienza el bosque y el pueblo de Grunewald. Ahí es donde tienen lugar las reuniones importantes de los conjurados, pero también se percibe el esplendor de la antigua propietaria: hasta hace dos años residía en la villa la famosa actriz Zarah Leander. Y ahí era donde invitaba a la sociedad berlinesa a sus famosas fiestas. Por toda la casa sonaban canciones como *Kann denn Liebe Sünde sein* (*¿Puede el amor ser pecado?*). La discreta dirección, Wildpfad 24, parece ahora ideal para las reuniones conspiratorias.

Stauffenberg conoce al hombre que lo inicia en los planes para asesinar a Hitler al trabajar con él de manera oficial. Durante tres años, hasta febrero de 1943, hablaron mucho por teléfono, Olbricht en Berlín y Stauffenberg en los distintos cuarteles generales del frente oriental; uno como jefe de la Oficina General del Ejército y el otro como miembro de la sección de Operaciones del Estado Mayor del Ejército. Ya entonces se trataba de la Operación Valkyria, el plan aprobado por Hitler para la movilización del Ejército de reemplazo en Alemania y cuya orden firmó Olbricht en mayo de 1942. Los dos oficiales aprendieron a apreciarse durante los esfuerzos comunes para lograr decisiones claras en la confusión que reinaba en las secciones administrativas del Estado Mayor. Así fue como Olbricht tuvo la idea de llamar a Stauffenberg a su oficina de Berlín y ofrecerle el puesto de jefe de su Estado Mayor. Tras realizar hábiles sondeos, sabe que no sólo gana un gran talento organizativo, sino que el nuevo está dispuesto a comprometerse en contra del régimen con todas sus fuerzas, al igual que algunos otros de la sección.

Stauffenberg sabe el tiempo que Friedrich Olbricht lleva luchando contra Hitler y que Operación Valkyria es en realidad un nombre en clave para un golpe de Estado. Olbricht es sajón, algo que se aprecia a menudo en su acento, además de un hombre íntegro y amable. Es de estatura media y lleva gafas de montura metálica; sus subordinados lo aprecian por su accesibilidad. Ve el nacionalismo como un peligro desde el intento golpista de Hitler, y en las guarniciones de Leipzig, Dresden y Chemniz, donde ha servido, encuentra gente como él. Durante los asesinatos del llamado Golpe de Röhm, consiguió evitar el fusilamiento de algunos hombres. Se opuso a que Hitler apartara del poder al comandante de la Reichswehr Fritsch, y esto lo llevó a reunirse con los líderes de la resistencia. Vivió el comienzo de la guerra como comandante de división en Polonia, donde fue condecorado con la Cruz de Caballero. Ya en la Oficina General del Ejército, en Berlín, donde desempeñaba un puesto más bien burocrático, se convirtió finalmente en el coordinador de la resistencia militar. Su convencimiento de que Hitler debía ser eliminado no hizo sino reforzarse tras la muerte de su hijo de diecinueve años en el frente oriental. Al comienzo de la campaña rusa profetizó sombríamente que el ejército alemán sería «sólo un soplo de viento en las extensas estepas rusas». Ahora que su predicción es una amarga realidad, lucha con una amplia red de colaboradores en la sombra contra el hombre responsable de semejante catástrofe. Y la idea de transformar la Operación Valkyria en un instrumento para un golpe de Estado también proviene de Olbricht.

Hay otros dos hombres en Dahlem, y Stauffenberg conoce un poco a ambos. Son el coronel Henning von Tresckow y su oficial asistente, Fabian von Schlabrendorff, el encargado de las bombas del Grupo de Ejércitos Centro. Tresckow, a quien Stauffenberg ve por primera vez en años, se asusta al ver el muñón del brazo y el parche del ojo, pero después se asombra por el espíritu intacto del herido. Ambos se conocieron en julio de 1941, en la ciudad de Borisov, en Bielorrusia, donde se encontraba por aquel entonces el cuartel general del Grupo de Ejércitos Centro. Stauffenberg llegó como enviado del Estado Mayor. La conversación giró en torno a la política, y Stauffenberg se mostró abiertamente contrario al nacionalsocialismo. Tresckow y Schlabrendorff tuvieron la misma impresión de estar ante un hombre capaz y de gran lucidez, pero aún no intuían hasta dónde acabaría llegando su cooperación.

Durante este tiempo, Tresckow ha visitado el cuartel general de Hitler en Rastenburg y ha visto que es posible realizar un atentado durante las conferencias militares que tienen lugar allí. Sin embargo, poco después su contacto más importante en la Abwehr, el general de división Hans Oster, es expulsado de esas reuniones. Ahora falta un hombre decisivo en Berlín. Desde el fallido atentado suicida en la Armería, la resistencia no ha vuelto a hacer ningún progreso destacable. Por eso Tresckow ha decidido dejar el amenazado Grupo de Ejércitos Centro e impulsar el asunto en Berlín. Lleva diez días en la capital y ha renunciado a unas largamente planeadas vacaciones con su mujer en el castillo de Elmau, un centro de descanso del ejército. El ataque sobre Hamburgo fue un signo que le mostró que había que concentrar todas las fuerzas una vez más. Sus dos hijos están en el frente oriental, sus dos hijas menores han sido enviadas al campo, y él mismo va todos los días desde Babelsberg a Berlín para reunirse con partidarios del golpe de Estado y forjar nuevos planes. De todas esas reuniones, la mantenida con Stauffenberg es la más importante; en ella se descubren dos espíritus hermanos, y dos estrategas aúnan sus fuerzas. Tras la reunión tampoco queda ya ninguna duda sobre la determinación de Stauffenberg.

Von Stauffenberg no puede reivindicar haber tenido la temprana lucidez de Tresckow, Olbricht o Schlabrendorff. Su conversión en miembro de la resistencia ha sido un proceso largo. En una carta escrita a su mujer en septiembre de 1939 desde el frente polaco no se aprecia ningún distanciamiento respecto del nacionalsocialismo: «La población es una chusma increíble, muchos judíos y mucha gente mezclada. Un pueblo que seguramente sólo se encuentra bien bajo el látigo. Los miles de prisioneros harán mucho bien a nuestra agricultura». La frialdad del observador aristócrata que escribe esas palabras es algo de lo que se desprenderá en los años siguientes. Cuando a finales de 1941 se presentan ante él resistentes del llamado Círculo de Kreisau, del conde Helmuth James von Moltke, Stauffenberg ya es de la opinión de que los nacionalsocialistas deben ser eliminados, aunque aún no cree que sea el momento propicio. «Antes debemos ganar la guerra», dice. «Durante la guerra uno no puede hacer esas cosas, sobre todo durante una guerra contra los bolcheviques. Pero después, cuando volvamos a casa, nos encargaremos de la plaga.» Lo poco que sabe en ese momento sobre la oposición civil no lo ha convencido. Llama burlonamente a sus miembros «pequeños lanzadores de bombas».

Esto cambia hacia abril de 1942. Por entonces había indignado a un mayor amigo suyo del trato inhumano que se dispensa a los civiles en el frente oriental, del asesinato de los judíos y de la muerte en masa de los prisioneros de guerra rusos. Un mes más tarde recibe un nuevo informe sobre fusilamientos masivos de las SS en Ucrania. A partir de entonces, sus afirmaciones suenan más rotundas. «Sólo hay una solución, y es matarlo» dice ahora sobre Hitler a un compañero de clase de Stuttgart que lo visita en Prusia Oriental. Y en una reunión de oficiales que proponen decirle al Führer la verdad de una vez por todas, estalla: «No se trata de decirle la verdad, se trata de matarlo, y yo estoy dispuesto a ello».

Pero entonces aún no tenía un plan concreto de actuación. Stauffenberg ve más bien a los generales y jefes del ejército en la obligación de hacerlo. En enero de 1943, poco antes de su traslado a África, visita con este motivo al mariscal de campo Von Manstein, quien es considerado un brillante estratega y en aquel momento está al mando del Grupo de Ejércitos del Don. Stauffenberg pide una cita oficial y habla largamente con Manstein. El mariscal de campo entiende sus poco veladas insinuaciones, también él ve graves fallos en la dirección de la guerra. Pero aún no da ésta por perdida y rechaza cualquier acción en contra del Führer. «Esos tipos se lo hacen encima de miedo o tienen la cabeza hueca. ¡Se niegan!», dice Stauffenberg a sus compañeros como resumen de sus conversaciones.

En ese día de agosto no hay ninguna duda en Villa Olbricht de lo que debe hacerse. Ahora se trata de dar los siguientes pasos. Olbricht y Tresckow ponen a Stauffenberg al corriente del plan Valkyria y de su intención de seguir perfilándolo de cara a dar un golpe de Estado. Stauffenberg reconoce de inmediato el potencial de la idea: la ocupación del barrio del gobierno con la justificación aparentemente legal de «disturbios internos». Como experto en planificación militar, está dispuesto a buscar las unidades disponibles, a investigar las fuerzas de las SS en la capital y a convertir toda la información en planes de intervención y órdenes para el día X. Para todo eso trabajará durante los siguientes días en el cuartel general del distrito III, responsable de Berlín y Brandenburgo. Allí hay ya algunos conspiradores, allí se trenzarán numerosos hilos de la Operación Valkyria, y allí se reescribirán muchas órdenes secretas. Promete a Olbricht y a Tresckow estar a su disposición para ese trabajo después de su operación en septiembre. Tresckow está impresionado. Por fin alguien que actúa como él, que hace avanzar los planes. Cuenta a su mujer que la resistencia en contra de Hitler ha encontrado a un hombre brillante, alguien que no «deja que todo se vaya al garete».

Durante los últimos días de agosto, Claus von Stauffenberg regresa a Lautlingen. En casa siempre ha hablado muy poco de su trabajo, de sus compañeros, de sus discusiones políticas y de sus encuentros. El poco tiempo que queda para su mujer e hijos es para él demasiado valioso para malgastarlo con el tema de la burocracia militar o con discusiones sobre el eterno tira y afloja de la guerra. Nina Stauffenberg hace mucho que se acostumbró a no preguntar a su marido por cuestiones oficiales. Acepta que él no puede contárselo todo, y también que ella debe guardarse algunas cosas para sí. No decir nada durante los malos momentos ni a vecinos ni a conocidos, y ni tan siquiera a sus propios padres, es algo que se ha convertido en una segunda naturaleza para ella. Sabe que esa actitud es muy importante para su marido.

A su vez, Stauffenberg disfruta estando en casa, pero tampoco ahí desconecta del todo su mente militar; es capaz de trabajar sin ninguna dificultad, concentrado sobre su escritorio, mientras los niños juegan a sus pies. Y cuando Nina le cuenta por la noche lo sucedido durante el día, nunca puede estar completamente segura de que los pensamientos de su marido no estén en otra parte. Un simple «¡Claus!» no lo saca de su ensimismamiento, sólo un militar «¡Stauffenberg!» logra atraer toda su atención.

Tampoco tras su viaje a Berlín cuenta Stauffenberg nada de lo ocurrido. Pero Nina recuerda haberse dado cuenta de un gran cambio. Nota de inmediato que esta vez no le rondan las preocupaciones habituales. Se enfrenta a él con la expresión de saber que está envuelto en algo «importante y secreto», y atenuando su directa franqueza con un toque de ironía, le pregunta: «Claus, ¿estás jugando a los conspiradores?»

Ella siempre ha contado que Stauffenberg reaccionó a esa pregunta sorprendido y casi asustado. ¿Acaso oculta tan mal sus pensamientos? Pregunta a Nina cómo se le ocurre tal cosa, pero al mismo tiempo parece darse cuenta: mentir no tiene ningún sentido. Así que explica en pocas palabras que el general Olbricht lo ha llamado a Berlín y que va a participar en un plan para eliminar a Hitler y conseguir un gobierno mejor para Alemania. No desvela quién más participa ni cómo se desarrollará todo. «Cuanto menos sepas, mejor será para ti.» Y antes de que su mujer pueda asimilar esta tremenda noticia, añade algo que suena casi como una orden militar: «Si llega a fracasar, te prohíbo que me apoyes. La Gestapo vendrá a ti y tú te harás la pequeña ama de casa tonta. Uno de nosotros debe quedarse con los niños. Eso es lo más importante.»

Sólo más tarde Nina Stauffenberg llega a intuir el abismo de peligro, soledad y abnegación que se abre ante ella en ese momento. Es como si hubiera echado un vistazo al futuro y éste estuviese envuelto por oscuras sombras. Sin embargo, al mismo tiempo la domina un sentimiento más fuerte que todo lo demás: la confianza en su marido. Ahora hará todas las preguntas que hace una mujer en su situación: «¿Por qué? ¿Y por qué tú, que ya estás herido e impedido? ¿No hay ningún otro, más fuerte, más apropiado y que no tenga familia que perder?» Y la cuestión en sí: «¿De verdad es tan importante para ti? ¿Es inevitable y necesario para nuestro país?» Todas esas preguntas están ahí, pero también sabe que su marido le dará respuestas convincentes a todas ellas. De no ser así, no se encontraría en el punto en el que está. Dondequiera que le conduzca su camino, ella quiere estar a su lado.

IX. OBJETIVOS Y SIGNOS

Lautlingen,
septiembre de 1943

Cuando Stauffenberg regresa a Lautlingen, allí lo espera un hombre en cuyo juicio en cuestiones políticas confía más que en ninguno. No emprenderá ninguna acción sin su consejo y aprobación. Se trata de Berthold, su hermano mayor. Es *Marineoberstabsrichter* para cuestiones de derecho internacional en la sección de Operaciones de la dirección de Guerra Naval en Berlín, pero ahora está de vacaciones hasta el 7 de septiembre.

El conde Berthold Schenk von Stauffenberg nació el 15 de marzo de 1905. Desde muy temprano llamó la atención por ser un niño extraordinariamente serio y cínico. Con cuatro meses de edad, su madre ya advirtió una «expresión profundamente elocuente» en sus ojos que casi la asustó. Desde el principio tiene una relación especial con su hermano Claus. Se preocupa mucho por el pequeño, cuyo hermano gemelo, Konrad, murió al día siguiente de nacer, y se dedica a explicarle el mundo, sobre el cual él piensa de manera precoz. De niño, y más tarde de adulto, es callado e incluso tímido. A veces parece algo torpe y cohibido. Es muy crítico con los convencionalismos, con los charlatanes y con los presuntuosos, y se distancia de todo ello con un sarcasmo mordaz. Por reservado que aparente ser, a veces asombra a sus amigos con su valor. Estudia Derecho y Ciencias Políticas, habla inglés y francés fluidamente e incluso aprende ruso para el primer examen estatal en Tübingen, que entre sus compañeros es considerado como particularmente duro. Su objetivo es la carrera diplomática. Ese deseo lo lleva al Instituto Berlinés de Derecho Internacional, y más tarde al Tribunal Internacional de La Haya. Al comenzar la guerra es destinado a la dirección de Guerra Naval, un puesto que pronto le permite tener una visión clara del catastrófico desarrollo del nacionalsocialismo. Sus compañeros no recuerdan que él criticara a Hitler nunca, pero su incorruptible sentido de la justicia pronto lo convierte en un callado pero implacable y profundamente decidido opositor al régimen. Antes incluso de que Claus von Stauffenberg estableciera contacto con los círculos de la resistencia, Berthold ya tenía relación con éstos. En cierta manera ha esperado el momento en que también su hermano se viera impelido a actuar.

Los Stauffenberg discuten en Lautlingen las noticias diarias con preocupación: tropas británicas desembarcan en Calabria, en el extremo sur de la península italiana; hay intensos ataques aéreos sobre Berlín, Mannheim y Múnich; en el frente oriental, los alemanes abandonan la cabeza de puente del río Kubán y la cuenca del Donetz; por último, se ha dado a conocer el armisticio entre los aliados e Italia. Si va a ocurrir algo contra Hitler, debe ocurrir pronto. Cada nuevo día de la guerra deja incalculables víctimas y empeora la posición para emprender negociaciones. Después del desayuno, los dos hermanos pasean por los alrededores, por los senderos que tan bien conocen. Un telegrama con destino a Überlingen, en el lago de Constanza trae el 2 de septiembre a otro compañero de ideas: el germanista Rudolf Fahrner, de cuarenta años. El austríaco, cuyos característicos rizos parecen los de un filósofo griego, es un viejo amigo de sus días de estudiantes. Los dos hermanos siempre han debatido apasionadamente con él sobre filosofía y derecho público, sobre epopeyas de la Antigüedad y sobre política moderna. Hay que agradecer a su memoria que se hayan transmitido los grandes planteamientos de esos días en Lautlingen.

No se trata sólo de la eliminación de Hitler. De la conspiración y del atentado debe surgir un nuevo y mejor orden, un orden sobre el que quieren reflexionar durante algunos días. Stauffenberg no se ve de ninguna manera como instrumento militar de la resistencia. Quiere tomar parte políticamente y hacer sus aportaciones a las discusiones acerca de cómo debe ser un mundo después de Hitler.

Los hermanos debaten sobre las palabras de Fahrner acerca de la «unión con lo divino», sin la cual no puede prosperar la existencia humana; sobre «modos de vida y costumbres apropiados» que no se sustituyan meramente por «ideas basadas en prejuicios»; sobre un «comportamiento libre» respecto a las «diferencias» de posición, patrimonio y apariencia «que surgen una y otra vez por necesidad» en una comunidad; sobre los contrastes entre los pueblos europeos que «hacen fructificar y acarrean disputa»; sobre el escepticismo hacia los partidos y sobre la igualdad social entre empresarios y trabajadores, apoyada por el «papel subsidiario» de la técnica y la industria. La «fuerza de la renuncia voluntaria» les parece apropiada para evitar nuevas «fijaciones y dogmatismos». Porque al final de lo que se trata es de «crear y mantener abiertas las oportunidades para el desarrollo en unas circunstancias y con unas personas dadas.» Estas reflexiones son a la vez soñadoras y pragmáticas. Por un lado vuelven a los antiguos valores conservadores, ante cuya luz Hitler aparece como un arribista sin principios. Por el otro, son de una modernidad atrevida y van más allá de su época. En esto se ve la huella de la educación que han recibido los hermanos Stauffenberg criados en el seno de la burguesía intelectual de Stuttgart. Ya en su época de bachilleres, a ambos los emocionaban profundamente el teatro y la música. A menudo seguían los conciertos de la orquesta con la partitura en la mano. Solamente Wagner no era del agrado de Claus Stauffenberg. Goethe, Schiller y Hölderlin eran sus héroes, y hay un poeta contemporáneo que tuvo una influencia decisiva en su juventud y a quien se sentirán profundamente unidos para siempre: Stefan George.

Stefan Anton George, nacido en 1868 y fallecido en 1933, era en aquellos años no sólo famoso como poeta lírico simbolista y neorromántico, sino que muchos jóvenes lo consideraban, como Claus von Stauffenberg expresó una vez, el «mayor poeta de su época». Un hombre que se sentía llamado a ser no sólo el juez estético del presente, sino también un educador, y que no rechazaba que lo comparasen con Sócrates. En las distintas fases de su vida reunió a su alrededor a grupos de «discípulos» que se superaban unos a otros en su adoración y que lo celebraban como «sacerdote real» y como «fundador de un reino espiritual», formando así una especie de sociedad secreta.

Cuando en 1923 Berthold y Claus ingresaron en el círculo de George en Heidelberg, el famoso poeta tenía cincuenta y cinco años. Claus había cumplido los dieciséis, y su madre, Caroline, que ha oído hablar del círculo de George, estaba comprensiblemente preocupada. Pero conocía la fascinación de sus hijos, que leían desde hacía mucho las poesías del «maestro» y al que consideraban una especie de guía espiritual. La mujer viajó hasta Heidelberg en persona para convencerse de que todo transcurría conforme era debido. Y lo que encontró allí la tranquilizó. Realmente se reunían idealistas del espíritu que buscaban con gran seriedad respuestas a las preguntas más apremiantes del presente. «Alemania secreta», el título de una poesía del ciclo *El nuevo Reich*, se convirtió en una especie de contraseña para la renovación. George odiaba el pensamiento burgués, la moral estática en forma de convenciones y los tradicionales ritos de la religión. El anhelo por lo nuevo, el esperado avance hacia la «vida ardiente», parecían aproximarlo a los patéticos y delirantes conceptos del nacionalsocialismo. Goebbels también supo de su adoración, y poco antes de la muerte de George intentó reclamarlo como padre espiritual del movimiento. Sin embargo, George rehuyó ese acercamiento de forma decidida, y tras observarlo con más detenimiento, su arte poético no es apropiado para defender de ninguna manera una política concreta.

Quien quiere verlo comprende esta distancia muy bien. «Buscar al superhombre fomenta el surgimiento del infrahombre —afirma George en una ocasión, dirigiéndose a los nacionalsocialistas—. ¿No es mejor preocuparse humildemente por lograr que al hombre vuelva a bastarle la más alta exigencia?» La *Rassenpolitik*, política racial, es para él una «potenciación maligna» del odiado siglo XIX: «Una raza nueva y buena se consigue sólo mediante el espíritu, no mediante una institución de adiestramiento».

Por otro lado, la pretensión de George de formar una «nueva élite», una aristocracia intelectual, a partir de sus alumnos y adeptos se la tomó muy en serio. El «descubrimiento» de los hermanos Stauffenberg, cuyo linaje caballeresco estaba acreditado, que encarnaban el ideal de masculinidad del poeta y que parecían estar predestinados a hacer grandes cosas, desencadenó el entusiasmo en el círculo de George. El propio «maestro» consideró a Berthold y a Claus, y poco después también a Alexander, como hombres con una personalidad completa, a pesar de su juventud, en quienes quedaba poco o nada que «formar». Sus máximas son la disposición al servicio y a la responsabilidad, a la entrega y al sacrificio. La pauta que guíe el modo de obrar debería ser una nueva ley moral que ya no puede comprenderse con los antiguos conceptos. Esta ética es la ética del acto, pero George no explica lo que debe hacerse: el llamado a ello lo reconocerá por sí mismo.

Claus von Stauffenberg tiene un lugar preferido en las montañas que hay alrededor de Lautlingen: el Torfels. Allí, en la linde de una colina boscosa que los lugareños llaman s' Hardt, se alzan desmoronadas formaciones calizas que recuerdan a los destruidos pilares de un gran arco. Sobre ellas crecen musgo, helechos y pequeños y resistentes pinos que se oponen al viento y al tiempo. Más abajo corre el Messtetten, y al otro lado se encuentran los municipios de Bühl, Tierberg y Weichenwang. Para un buen andariego, este lugar está a casi una hora de ascenso desde la residencia de los Stauffenberg. El joven de dieciocho años se sentaba aquí a menudo durante horas, con la cabeza llena de versos e ideas románticas; fue aquí donde trajo a un compañero de clase durante las vacaciones escolares del año 1925, un año antes de acabar el bachillerato. Salieron de la casa dormida y emprendieron el ascenso a primera hora de la mañana. Pasaron por delante de la carnicería Götz y de la posada Falken, y por debajo del viaducto. Subieron la montaña junto al arroyo, la rueda del molino Schemminger, a través de campos de manzanos y por delante de los puestos de los cazadores. Hasta estar envueltos de frondosos hayedos. Sólo quien conoce el sendero escondido puede encontrar allí arriba la repentina abertura del bosque y salir así al conjunto de rocas, como una figura de espaldas del romanticismo que pudiera haber sido pintada por Caspar David Friedrich. El amigo del colegio recuerda que el joven Stauffenberg habló durante la excursión de la «eclosión dolorosa» de una nueva Alemania, de las tareas del Estado, de las posibilidades de actuar sobre éste, de esperanzas y trabajos soñados. Los dos bachilleres no sabían lo que traería el futuro, pero percibían que tenían ante ellos grandes cambios. En una carta que sólo está fechada con un «miércoles, Lautlingen», el joven Stauffenberg escribe sobre aquel tiempo influido por Stefan George. Habla sobre una sensación de creciente alejamiento, de una búsqueda inútil de un sentido de la que sólo podría liberarle «la acción» si «una hora diera la señal con toda la crudeza de su llegada y con toda la dimensión de su aparición.»

X. PUNTO DE ENCUENTRO: TRISTANSTRASSE

BERLÍN,
de septiembre a noviembre de 1943

El 10 de septiembre de 1943, poco después de las ocho de la noche, se emite un discurso de Adolf Hitler por las emisoras de radio alemanas en el que lamenta la «entrega del gobierno italiano» a los «enemigos comunes».

—La caída de Italia significa poco militarmente —asegura a sus oyentes, y sin embargo se ve en la necesidad de subrayar profusamente la imperturbable determinación del gobierno alemán: Nunca aparecerán en Alemania «traidores como en Italia», «la postura de mis colaboradores políticos, de mis mariscales, almirantes y generales» es la de una «comunidad fanáticamente compacta.»

En eso se equivoca. Mientras se encuentra de nuevo en el hospital militar de la Reserva de Múnich, esperando la operación para la prótesis de la mano, el conde Claus von Stauffenberg ha recibido el día anterior una llamada del general Olbricht, que lo reclama en Berlín lo antes posible. La llamada del conspirador es tan apremiante que Stauffenberg cancela la operación de inmediato y pasa por Bamberg, donde debe recoger su uniforme, para ir a la capital. Allí se quedará y no volverá al hospital de Múnich.

Ya ha encontrado dónde vivir, en casa de su hermano Berthold. Su esposa, Mika, hace mucho tiempo que llevó a sus hijos y sus muebles a Lautlingen, y ella misma rara vez está en Berlín. Berthold vive en el barrio de Nikolassee, no lejos de la autovía Avus y de la carretera nacional hacia Potsdam. En esas callejuelas adoquinadas hay ostentosas e intrincadas villas de estilo rural bajo altos árboles. Ahí vive un general de artillería jubilado, allí un abogado, más allá un agente de cambio. La casa de la Tristanstrasse número 8 es la villa Tiedemann, diseñada en 1896 para un Consejero Secreto del Gobierno para la Construcción. El muro del jardín es de piedra y la reja de forja, tiene los artesonados de madera, material del que también esta hecho el gran balcón, un pináculo oscuro remata la obra. El piso del balcón está alquilado a los Stauffenberg. El entorno le es muy conocido a Claus. Durante su paso por la academia militar, vivió en la vecina Waltharistrasse con su mujer, Nina, y sus hijos Berthold y Heimeran.

Stauffenberg pronto es presentado a los hombres más importantes de la resistencia. El general Olbricht organiza un encuentro con el responsable de comunicaciones de la Wehrmacht en la segunda semana de septiembre. Éste lleva gomina en el oscuro pelo ondulado y unas gruesas gafas negras de carey. En la comisura de sus labios parece haber siempre una mueca sarcástica: es el general Erich Fellgiebel, de cincuenta y seis años. Stauffenberg lo conoce de pasada de su paso por el Estado Mayor. Ahora se entera de que Fellgiebel lleva medio año preparando a su tropa para el golpe de Estado. Hay una gran conformidad respecto a que ha llegado el momento de actuar. Debe evitarse a toda costa una toma conjunta de Berlín por parte de los rusos, los ingleses y los estadounidenses. Fellgiebel se encargará de que tras un atentado, ocurra donde ocurra, el entorno de Hitler se vea aislado lo más completamente posible del mundo exterior, mientras que las comunicaciones permanecen abiertas para los oficiales de la resistencia. Esta promesa tiene mucho peso al salir de labios de un hombre cuyo talento organizativo en el campo de las comunicaciones militares es legendario. Pero al mismo tiempo, Fellgiebel también advierte de que un bloqueo total de las comunicaciones es poco realista: El servicio de seguridad y las SS tienen sus propias líneas telefónicas entre los distintos cuarteles generales, las cuales no pueden ser controladas en su totalidad y él sólo las conoce parcialmente.

Fellgiebel, que proviene de cerca de Breslau, en Silesia, no es considerado en el círculo de Hitler como precisamente fiel al régimen. Acude mucho a los cuarteles generales, pero desde hace tiempo no tiene acceso directo al Führer. A menudo ha destacado por sus mordaces comentarios en contra del nacionalsocialismo y ha sido tachado de «derrotista». Si las comunicaciones del ejército no funcionaran tan impresionantemente bien y si no fuera absolutamente irremplazable como experto, hace mucho que habrían recaído sobre él medidas punitivas. Un oficial que encontró a Fellgiebel borracho y desenfrenado, profiriendo insultos en un retrete de las dependencias del alto mando del campamento Mauersee, cuenta lo siguiente: «¡Ese mentiroso! ¡Ese cerdo! ¡Ese destructor de nuestra patria! —gritaba Fellgiebel hasta que le taparon la boca, refiriéndose a Hitler. Y a continuación dijo llorando—: Si ustedes supieran lo que los oficiales de comunicaciones sabemos no me creerían. ¡Es espantoso!».

A mediados de septiembre comienza para Stauffenberg y Tresckow el trabajo de precisión. Redactan los primeros expedientes en el cuartel general del distrito militar III, en la Fehrbelliner Platz, donde queman plantillas y versiones anteriores en los aseos. El trabajo en sí tiene lugar durante semanas en Babelsberg, donde la mujer de Tresckow, Erika, los ayuda con la máquina de escribir, y más tarde en otros lugares.

Además de la mujer de Tresckow participan en la conspiración otras dos mecanógrafas; una de las dos es una amiga de la familia, del coronel Margarethe von Oven. Para los conjurados es demasiado arriesgado reunirse en la vivienda de alguno. Acuerdan distintos puntos de encuentro en el pueblo o el bosque de Grunewald, pero no los nombran ni por teléfono ni por correo. No son posibles las cancelaciones en el último minuto, por lo que los encuentros organizados con tanto cuidado a menudo no tienen lugar debido a los bombardeos. Margarethe von Oven debe emplear una máquina de escribir prestada y llevar guantes. Tresckow insiste en ello. Teme que más tarde puedan identificar sus huellas dactilares. Tiene todos los motivos para ser precavido.

«¡El Führer Adolf Hitler ha muerto!», dice la primera frase del primer télex que se enviará a los puestos militares decisivos el día X. Cuando Margarethe von Oven oye estas palabras que ahora tiene que teclear, el miedo se apodera de sus miembros: está agitada, pues está siendo cómplice de alta traición. Es cierto que Tresckow le ha explicado que en el Este mueren decenas de miles de judíos de las maneras más horribles, y que sobre todo es esto, y no tanto la fatal situación de la guerra, que es «obra de los oficiales», lo que obliga a los conjurados a actuar. Pero Stauffenberg habla con ella una vez más. Sin rodeos, le dice que él mismo es un católico creyente, pero que ahora debe afrontar un pecado, el de acción o el de omisión. El golpe es una tarea enviada por Dios a la que se dedica con todo su ser. Margarethe von Oven dirá más tarde que Stauffenberg desprendía una profunda calma, «el reflejo de un sereno fuego interno», y que citó un poema de Stefan George. Ella se declaró dispuesta a seguir escribiendo.

En el télex Valkyria se hacía responsable de la muerte de Hitler a un «grupo de dirigentes del partido sin escrúpulos y que no conocen el frente», y se hacía recaer las culpas del atentado al NSDAP. Se activaba el estado de excepción militar, se trasladaba la «autoridad absoluta» a la Wehrmacht, se subordinaban completamente las Waffen-SS al ejército y se instaba a «anular sin miramientos» cualquier resistencia. Lo que Stauffenberg y Tresckow formulaban allí muestra su voluntad inquebrantable de lograr el éxito. El golpe de Estado tendría que enfrentarse a una gran resistencia. Hasta el final de un segundo télex no introducían una referencia a sus verdaderos objetivos: No se tolerarían «actos arbitrarios y de venganza» [...] La población debe ser consciente de la distancia con los métodos arbitrarios de los anteriores gobernantes.»

Buscando al hombre que pueda firmar esta explosiva orden, Tresckow encuentra a un jubilado de gran prestigio que es opositor de Hitler desde hace tiempo: el mariscal de campo Erwin von Witzleben, de sesenta y dos años. Como soldado de mayor rango del golpe, se le nombrará comandante en jefe de la Wehrmacht tras el atentado.

El prusiano Witzleben, nacido en Breslau en 1881, era un frío analista con afilados rasgos aristocráticos. Fue abordado en marzo por hombres de la resistencia, se declaró incondicionalmente dispuesto y firmó los importantísimos documentos secretos.

Esta situación no era nada nuevo para él. Ya en 1938 estaba preparado junto con sus tropas para enfrentarse al régimen cuando aún era comandante del distrito militar de Berlín. El jefe del Estado Mayor del Ejército, Franz Halder, preparó todo por aquel entonces para atrapar y eliminar a Hitler si éste provocaba la guerra durante las negociaciones de Múnich sobre la «crisis de los Sudetes». La sorprendente claudicación de ingleses y franceses, así como la celebración de Hitler como «protector de la paz» tras las negociaciones de Múnich pusieron fin a ese plan. Halder cambió de opinión y comenzó a planear la deseada guerra de agresión de Hitler.

Witzleben tomó parte en las campañas de Polonia y Francia como oficial del ejército, y en mayo de 1941 se convierte en el comandante en jefe del frente occidental. Sin embargo, sus tendencias opositoras no permanecen ocultas. En mayo de 1942 fue destituido del mando por Hitler en persona, aparentemente por motivos de salud. Desde entonces seguía con amargura el transcurrir de la guerra, y finalmente su salud empeoró realmente. Ya en el mes de julio pasó mucho tiempo en el hospital. Tresckow, Olbricht y Stauffenberg no contaban tanto con su participación activa como con su alto rango y nombre.

Unos documentos como los que ahora firma Witzleben suponen la pena de muerte para cualquiera que sea apresado con ellos. De eso son plenamente conscientes. A pesar de todas las precauciones, los conjurados se creen atrapados *in fraganti* una noche. Tras haber hecho su trabajo, Tresckow, Stauffenberg y la señorita Von Oven recorren la calle Trabener, cerca de la estación de tren de Grunewald. Llevan toda la documentación encima, incluso la propia máquina de escribir, lo cual les hace ir con los nervios a flor de piel. El corazón está a punto de detenérseles cuando un vehículo de las SS entra en la calle, se dirige hacia ellos y frena justo a su lado.

Se dan unas órdenes y unos hombres de las SS saltan de la parte trasera del vehículo. Los tres conspiradores esperan su detención en silencio. Pero un instante después, la negra compañía desaparece en la casa de enfrente. Ninguno de los SS repara en los paseantes nocturnos. Tresckow, Stauffenberg y Von Oven se miran. Los tres han palidecido.

Por entonces Stauffenberg toma posesión de su puesto como jefe del Estado Mayor de la Oficina General del Ejército. Su entrada en servicio oficial es el 1 de octubre, pero va tomando contacto con su nueva responsabilidad durante las semanas anteriores. Ahora trabaja en el mismo complejo militar, entre el zoológico y el Landwehrkanal, en el que sirve su hermano Berthold. Berthold está en el alto mando de la Marina que se alza, imponente y neoclásica, en la calle Tirpitzufer. Desde su nuevo despacho en el ala este, Claus von Stauffenberg puede verlo. La oficina del ejército, con su fachada gris de piedra caliza, tiene su entrada por la Bendlerstrasse. Ya en 1914, el complejo sirvió como sede de la Marina del Reich y almirantazgo, más tarde como ministerio de la Reichswehr, defensa del imperio, y después como ministerio de Guerra, hasta que Hitler tomó el mando sobre las fuerzas armadas y disolvió las instituciones en distintos altos mandos y secciones administrativas. La Oficina Central del Ejército sólo es uno de esos centros de mando que pelean constantemente por sus competencias y responsabilidades.

La proximidad oficial de los hermanos Stauffenberg no dura mucho tiempo. A finales de noviembre, el complejo militar es duramente alcanzado por los bombardeos y destruido parcialmente. Mientras que la oficina de Stauffenberg puede seguir funcionando, su hermano debe trasladarse a un cuartel del Ejército de Reemplazo en Bernau, en el norte de Berlín. Esto supone que la vuelta a casa diaria a la Tristanstrasse sea muy larga para él.

Stauffenberg describe así su puesto en la Oficina Central del Ejército: «Ahora debo volverme a sentar frente a mi mesa y enviar a decenas de miles a una muerte sin sentido.» Se encuentra en el segundo piso, en un largo pasillo de despachos, justo al lado del general Olbricht. Su tarea son los refuerzos de personal y material para el frente, en particular el reclutamiento de nuevos soldados. Desde hace tiempo, las pérdidas de vidas humanas que exige la guerra día tras día no pueden cubrirse, y crece la presión sobre la caja de reclutas. Stauffenberg se dedica a esa imposible tarea con rapidez y meticulosidad, con sus acostumbradas energía y capacidad de concentración. Gracias a su trato amable y abierto, pronto se convierte en un hombre de confianza para muchos compañeros. Incluso oficiales de su mismo rango o mayor buscan su consejo, y una especie de sexto sentido le dice sin dudas en quién puede confiar y en quién no. Cuando alguna vez llega tarde a comer, enseguida se dice: «Ya hay otro general con él» contándole sus penas.

Y sin embargo, este trabajo diario es algo secundario. Toda la energía de Stauffenberg está dedicada al objetivo de hacer que la Operación Valkyria avance. Si bien aún tiene que conocer a muchas figuras clave de la resistencia. Uno de esos encuentros secretos tiene lugar en casa de su amigo, el cirujano Ferdinand Sauerbruch, quien pone a su disposición su casa de la Koblanckstrasse, en el distrito de Wannsee. Sauerbruch ofrece bebidas a sus visitas y después les deja solos durante horas. Olbricht presenta a Stauffenberg a un hombre que es desde hace tiempo una eminencia gris de la resistencia: el coronel general retirado Ludwig Beck, de sesenta y tres años. Beck se está recuperando de una grave enfermedad que ha hecho que tuvieran que operarle seis veces en el Hospital de la Charité entre marzo y junio. Su cara redonda, con unos ojos profundos, tiene un aire de melancolía que parece acentuarse con cada mala noticia que viene del frente. La guerra está siendo la catástrofe que él ya predijo en 1938. «Alemania claudicará ante una coalición mundial y se entregará finalmente a su gracia o a su condena», escribió entonces con gran clarividencia. Ahora exige la retirada completa de los frentes. Y a sus ojos, la muerte de Hitler es lo único que puede lograr que se den las condiciones para un rápido armisticio.

Beck, procedente de Wiesbaden, en Hesse, tiene el mayor de los respetos por parte de los resistentes. A Schlabrendorff incluso le da «la impresión de ser un sabio». Su cargo durante el golpe será el de jefe de Estado civil. Tendrá que mostrar tranquilidad y autoridad, dos características que lo han distinguido como primer jefe del Estado Mayor de Hitler.

En 1935 tomó parte destacada en el rearme alemán, pero rechazó, en lucha constante con el ministerio de Guerra, elaborar planes de ataque contra los Estados vecinos. Por eso, en marzo de 1938, le sorprendió la anexión de Austria y se opuso con todas sus fuerzas a la invasión de Checoslovaquia. Su intento de poner a todo el generalato contra Hitler fracasó. Sus memorandos fueron ignorados, y en agosto de 1938 se le comunicó su retiro. «La Historia depositará sobre los jefes de la Wehrmacht la culpa de la sangre si no actúan siguiendo su saber y conciencia técnicos y políticos —afirmó Beck—. Su obediencia militar tiene un límite allí donde el saber, la conciencia y la responsabilidad impiden la ejecución de una orden.» Mientras la Wehrmacht sigue dispuesta a Hitler a la guerra, Beck fue jubilado amargamente.

Este primer encuentro en Wannsee impresiona profundamente a Stauffenberg. A partir de entonces hablará siempre con Beck antes de todas las acciones del golpe que sean importantes y se guiará por su juicio en los momentos delicados. Por su parte, Beck está contento de que la resistencia haya ganado a un organizador tan capaz. «¡Stauffenberg es el hombre que necesitamos!», le dice Olbricht a Beck.

Los encuentros de Stauffenberg con otro de los ideólogos de la resistencia se desarrollan con menor armonía: se trata de Carl Goerdeler, de cincuenta y nueve años. Goerdeler es el experto en intendencia del grupo, y tiene esperanzas de lograr el puesto de canciller tras el golpe de Estado. Es quien debe elaborar una lista de responsables políticos a quien se debe advertir al comenzar la operación. Habla brillantemente sobre la situación económica y la catastrófica deuda de Alemania, si bien sus ideas sobre el golpe son poco realistas: él propone no matar a Hitler, sino buscar una «conversación abierta» con él: «¡Una buena causa puede imponerse frente a cualquiera!». Estas ideas ilusorias muestran su gran valor personal, pero llevan a que se le considere inseguro como conspirador.

Goerdeler tiene un afilado rostro de ave rapaz, con una pequeña barbita, aspecto nacionalconservador y grandes reservas frente a socialistas y socialdemócratas. El prusiano Goerdeler, nacido en 1884 en la provincia de Posen, es tratado con escepticismo por muchos de los miembros más jóvenes de la resistencia. Sin embargo, su determinación en la lucha contra el nacionalsocialismo está fuera de duda: en 1937 no aceptó su reelección como alcalde de Leipzig porque había sido destruido, en contra de su voluntad, un monumento al compositor judío Felix Mendelssohn-Bartholdy. Un año más tarde, calificó el Tratado de Múnich como una «rotunda capitulación» de Occidente. Lleva en contacto con Tresckow desde finales de otoño de 1942, cuando, arriesgadamente, viajó hasta el cuartel general del Grupo de Ejércitos Centro para conocer a los pioneros de la resistencia militar. A partir de entonces, su colaboración fue cosa hecha. Sin embargo, más tarde criticaría a Stauffenberg por ser un «cabeza dura», que no sabía limitarse a su papel de organizador militar y que se había hecho falsas ilusiones políticas. Pero esta oposición no se manifiesta aún. Tras el primer encuentro, Goerdeler dice a un amigo de confianza que se ha nombrado a un «oficial del Estado Mayor de una gran capacidad» para hacerse cargo de la planificación del golpe de Estado. También dice que el nuevo no cuenta con que se le destine al frente nunca más debido a sus graves heridas de guerra y podrá hacer avanzar las cosas en Berlín.

La relación de Stauffenberg con Julius Leber, de cincuenta y dos años y a quien también conoce durante ese otoño, se desarrolla mucho mejor. Leber, alsaciano, procede de la clase obrera. Una beca le permitió cursar el bachillerato y estudiar en la Universidad de Friburgo, y en 1924 se convirtió en diputado socialdemócrata en el Reichstag. Allí formó parte de la joven generación que luchó contra el anquilosamiento político e ideológico e ingresó en la Reichswehr voluntariamente. Lo que más tarde será un punto de enlace con Stauffenberg. Cuando en marzo de 1933 quiso entrar en el Reichstag como diputado reelecto, fue detenido y encarcelado en el campo de concentración de Sachsenhausen. Liberado al cabo de cuatro años, se buscó la vida como comerciante de carbón, pero siguió luchando infatigablemente a escondidas. «Para llegar al golpe de Estado —dijo en una ocasión— estaría dispuesto a pactar con el diablo.»

Leber y Stauffenberg se dan cuenta enseguida de que son espíritus afines. El papel de dirección de los militares en el tiempo de transición, del que Stauffenberg tiene sólo una vaga idea, es un tema que Leber ha estudiado a fondo. También cree que en Alemania no se creará un comportamiento democrático de la noche a la mañana y piensa más bien en una paulatina «cura de desintoxicación». Las ideas de Leber para ganarse a la clase trabajadora, que pueden ser decisivas para evitar el «peligro comunista», impresionan a Stauffenberg. Éste pronto dirá en privado que le parece «mejor canciller» Leber que Goerdeler. El nombre de Leber también será el único del círculo de la resistencia que Stauffenberg pronuncia delante de su mujer, con tono de verdadera admiración. Lo califica de «figura clave» y de «gran personalidad».

El tiempo de escritos y reuniones acaba el 10 de octubre, cuando Henning von Tresckow recibe la orden de volver al frente. Primero va al Grupo de Ejércitos Sur, y a comienzos de diciembre se convierte en el jefe del Estado Mayor del 2.º Ejército del frente oriental, donde dos meses después es ascendido a general de división. Esto significa que deja de estar disponible casi del todo para la resistencia. Sus incansables intentos para lograr una y otra vez un puesto cerca de Hitler fracasan. Le queda como consuelo que ha encontrado en Stauffenberg al hombre que continuará con su trabajo de forma decidida. Stauffenberg dispone ahora de un paquete de explosivo plástico inglés que Tresckow trajo a Berlín en septiembre. Su tarea más apremiante es encontrar a un nuevo encargado de llevar a cabo el atentado.

El 28 de octubre de 1943, los hermanos Stauffenberg dan una gran fiesta familiar en Berlín-Zehlendorf. Se casa Olga von Üxküll-Gyllenband, su bonita prima de veintitrés años. Su tío Nikolaus, de sesenta y seis años, es el orgulloso padre que la acompaña al altar; Nina Stauffenberg ha viajado desde Bamberg, y de París llega el primo Caesar von Hofacker, de cuarenta y siete años. En la Tristanstrasse reina una animada vida durante unos días, pero Claus y Berthold apenas ocultan sus peligrosas actividades. Por ejemplo, Nina se lleva a Bamberg una mochila llena de documentos de la resistencia que deberá quemar en la cocina de carbón. También Rudolf Fahrner, el compañero de estudios, está allí para escribir llamamientos al golpe de Estado dirigidos al pueblo alemán. El tío Nikolaus, que lleva más tiempo que los hermanos en el círculo de la resistencia, también toma parte. Además, Claus pone al corriente al primo Hofacker. Tienen una larga conversación tras la que Hofacker se declara dispuesto a trabajar por el golpe de Estado con todas sus fuerzas. En esos momentos se está reuniendo en París un círculo de decididos conspiradores en torno al general Karl-Heinrich von Stülpnagel, el dirigente militar en Francia, con el que ahora mantendrá contacto. Mika, la mujer de Berthold, acude a las reuniones para servir como «pueblo». Los conjurados le leen los llamamientos y le piden su opinión. El «pueblo» dice, que, por desgracia, no entiende una palabra.

Es también Mika quien se encuentra con Claus en una noche oscura en el rústico balcón de madera de la villa de la Tristanstrasse, mirando hacia el horizonte, donde puede verse el rojo reflejo de la ciudad. Berlín vuelve a arder tras fuertes ataques aéreos. Claus recita de memoria el poema del *Widerchrist*, el Anticristo, una obra de Stefan George del año 1907 que significa mucho para él. En él aparece un seductor de masas al que se llama «príncipe de los borregos». Stauffenberg cree reconocer en ese personaje los rasgos de Hitler, y los versos sobre los engañados que acaban vagando «desorientados como ganado» por un mundo en llamas suenan esa noche particularmente proféticos.

El tío Nikolaus von Üxküll-Gyllenband, que también es padrino de Claus, se queda a vivir en la Tristanstrasse y ayuda a Claus en lo que puede, incluso a vestirse y en el trabajo cotidiano. «Si toda esta conspiración tiene alguna oportunidad, es desde que Claus ha entrado en ella —le dice a su hija—, él es la fuerza impulsora que ha dado forma a los esfuerzos que realizamos desde hace años. También es el dedo sobre el botón.» El tío cree ser demasiado mayor para un papel activo en la resistencia, ve el cuidado de su sobrino como la tarea que debe desempeñar. Y se sorprende continuamente por la fuerza de éste:

—Es increíble cómo este hombre aguanta estos esfuerzos monstruosos... Llega a casa y, tras un sueño de unos pocos minutos, vuelve a estar despejado y dispuesto a llevar a cabo conversaciones con la mayor concentración. Aunque vivimos la mayor parte del tiempo en la mayor de las tensiones, es Claus quien suele romperla con su contagiosa risa.

Stauffenberg está buscando constantemente jóvenes oficiales que odien a Hitler y que estén dispuestos a desempeñar un importante papel en la resistencia, ya sea como colaboradores en la Bendlerstrasse o incluso, si consiguen acceso al círculo interno del poder, como ejecutores del atentado. Así es como conoce al teniente del Ejército de Reemplazo Werner von Haeften, de treinta y cinco años. Este atractivo abogado berlinés fue gravemente herido en el frente oriental y ahora es parte del círculo de la resistencia de Kreisau, en cuyas discusiones rechaza un atentado contra Hitler. Sin embargo, las ideas de Stauffenberg convencen a Haeften. Haeften le ofrece su colaboración y se convierte en su ayudante en la Bendlerstrasse. No se ve como ejecutor del atentado, «por convicción cristiana», pero apoyará a Stauffenberg con todas sus fuerzas.

Otro ayudante es el capitán Friedrich Karl Klausing, de veintitrés años, que quiere entrar en acción desde hace tiempo. Fue herido en Stalingrado y escapó a la destrucción del 6.º Ejército. Durante el próximo ataque en el frente oriental ha vuelto a tocarle tomar parte. Se ofrece como autor del atentado, pero hasta ahora no ha tenido ninguna oportunidad de llegar hasta Hitler.

El acceso al dictador es el mayor problema de Stauffenberg durante esos meses. Es cierto que hay un coronel en la sección de

Organización del Ejército que se ha dado a conocer a la resistencia y que se reúne regularmente con el dictador, pero no tiene nervios de acero y no se confía demasiado en él. De hecho, curiosamente, todos los planes que pasan por él terminan en nada. Por eso Stauffenberg busca nuevas fuerzas, y encuentra a un capitán de veinticuatro años, el barón Axel von dem Bussche. Éste se ofrece a volar por los aires junto con Hitler en noviembre. En Ucrania asistió al fusilamiento en masa de judíos, lo cual es motivo suficiente para él. La ocasión sería una presentación de nuevos uniformes durante la cual podrá pasar cerca del Führer. Pero la presentación se aplaza. Bussche regresa al frente y es gravemente herido. Ya no puede llevar a cabo el atentado y pasan semanas tras semanas sin que Stauffenberg le encuentre un sustituto.

XI. AVANCES Y MOMENTOS DE CALMA

BAMBERG Y BERLÍN,
de diciembre de 1943 a marzo de 1944

El 25 de diciembre de 1943, día de Navidad, Claus von Stauffenberg regresa a Bamberg junto a su familia. De pronto, un coche oficial, un Mercedes 170V, se detiene delante de la casa de la Schützenstrasse. La visión de un coche que tiene permiso para circular en esa época, lo que se advierte por la brillante esquina roja de la matrícula, es muy poco habitual. Pero la gran sorpresa para los niños es que ese coche traiga a su padre, con un cabo como chófer. La madre no les había querido adelantar la noticia. Stauffenberg sólo puede quedarse tres días.

En ese momento, la condesa Stauffenberg vive con sus hijos desde hace unas semanas en la casa de sus padres, construida en el estilo suntuoso de la *Gründerzeit*, en el cruce de la Schützenstrasse con la Amalienstrasse. Es un entorno tranquilo de casas de alquiler burguesas. El edificio de dos plantas y color arena tiene un bonito balcón de forja que da al norte. Un relieve de piedra sobre la puerta de entrada muestra el escudo de armas de los Stauffenberg: dos animales similares a un león con colas divididas en cuatro partes. Los Lerchenfeld viven en el primer piso, y Nina y los niños en la planta baja. El anciano barón está gravemente enfermo desde hace tiempo y Nina ayuda a su madre. Ése también es el motivo por el que se ha marchado de Lautlingen.

83

Berthold, el mayor, tiene su propia habitación, los otros tres hermanos comparten un cuarto mayor. En el hogar también habitan Esther, la niñera, y una asistenta ucraniana. Berthold y Heimeran van a la escuela primaria Fischerei, justo al lado del enclave de pescadores construido sobre estacas de maderas a orillas del Regnitz, que se conoce cariñosamente como Pequeña Venecia. Nina ha indicado a los chicos qué camino deben recorrer hasta la escuela. En ningún caso deben ir por la calle principal, que ella considera demasiado peligrosa.

Esa calle principal es la calle Lange, que entonces se llamaba Adolf-Hitler-Strasse. También hay rastros del nacionalsocialismo en otros lugares del barrio: la sinagoga judía que se encontraba muy cerca de la casa de los Lerchenfeld fue quemada durante la Noche de los Cristales Rotos de 1938 y ha sido demolida. Cuando suena la alarma aérea, los niños son enviados a casa desde la escuela, pero en estos momentos la ciudad está siendo respetada casi por completo por los ataques aéreos. Sólo en una ocasión suelta sus bombas un avión aliado averiado porque no tiene otro remedio. Pero sólo alcanza el zoo de las afueras de la ciudad.

La familia celebra la fiesta de Navidad, en la que desempeñan un importante papel las *Springerle* suabas de Nina, galletas blancas de anís en distintas formas. Durante los dos días de fiesta, toda la familia acude a misa en la Martinskirche, en el Grünen Markt, la cual está unida a la historia familiar, pues fue construida en el siglo XVII por un obispo de la familia de los Stauffenberg. Los niños reciben una estricta educación católica, la misa dominical es obligatoria. Nina es de confesión protestante y sólo acude a esas misas en ocasiones especiales, pero pone mucho cuidado en que los niños crezcan en la fe de su padre. Berthold incluso ha sido monaguillo en Lautlingen.

Berthold, Heimeran, Franz Ludwig y Valerie nunca escuchan una palabra negativa de sus padres sobre Hitler, una medida de precaución obvia. Como casi todos los niños de su edad, los chicos juegan a la guerra en su habitación y encarnan a los héroes alemanes. En sus juegos se ayudan de las queridas figuras Elastolin de entonces, unos soldados con todo tipo de armamento. A los hijos de Stauffenberg también les gustan los llamados Neuruppiner Bilderbögen, que difunden hechos de guerra reales en forma de melodramáticos y exagerados dibujos de intención propagandística.

Todos los que trataron a Claus von Stauffenberg en su hogar hablan de su capacidad para desprenderse de las tensiones de la guerra y de su trabajo secreto en la resistencia. Los niños lo recuerdan como un padre risueño. Por su parte siempre intentaban mostrar su mejor cara con las escasas visitas. Nina a menudo se quejaba de que su marido sólo se encontraba con unas criaturas angelicales, mientras que ella tenía que pelearse con sus tercos retoños cada día.

Con el nuevo año, Stauffenberg intensifica sus esfuerzos en Berlín para encontrar a alguien que lleve a cabo el atentado. Y a finales de enero vuelve a haber motivos para la esperanza. El siguiente candidato se llama Ewald Heinrich von Kleist. Este alférez apenas tiene veintiún años, pero posee la ventaja de ser el hijo de un conservador opositor de Hitler desde la primera hora. Su padre fue uno de los pocos que realmente leyó en su época el libro de Hitler, *Mi Lucha*. Él mismo pidió cuentas al autor en lo referente a los pasajes poco claros y sacó las conclusiones evidentes.

Stauffenberg habla durante seis horas con el joven soldado sobre la necesidad del golpe de Estado. Kleist le pide un día de reflexión y busca consejo en su padre. Éste dice que no debe negarse a una tarea semejante. Así que Kleist se pone a disposición de Stauffenberg. Sin embargo, la ocasión en la que podía aproximarse a Hitler no se materializa.

De nuevo, el atentado está a punto de realizarse. Esta vez es Tresckow quien recluta al ejecutor: el capitán de caballería Eberhard von Breitenbuch, de treinta y tres años. Lo acompaña como oficial del nuevo comandante en jefe del Grupo de Ejércitos Centro al cuartel general de Hitler el 11 de marzo de 1944. En el bolsillo del pantalón lleva una pistola que le parece más segura que el explosivo de Tresckow. Hay una bala para Hitler y otra para él mismo. El experimentado cazador confía en conservar los nervios. Pero ese día, en contra de lo acostumbrado, no se le permite asistir a la conferencia militar con Hitler. Breitenbuch espera seis horas en la antesala y cree que va a ser detenido en cualquier momento. Pero no ocurre nada. El intento tampoco es descubierto.

XII. CARA A CARA

BERGHOF, BERCHTESGADEN,
7 de junio de 1944

A primera hora de la mañana del 6 de junio de 1944, una media hora antes de la salida del sol, un ataque de dimensiones infernales se desencadena en la costa atlántica francesa. Al amparo de la oscuridad y de la niebla matutina, más de 5.300 barcos aliados se han colocado en posición en las bahías entre Cherburgo y El Havre y disparan con todos sus cañones sobre las fortificaciones costeras alemanas. Tienen el apoyo de casi 12.000 aviones de las fuerzas aéreas. La Operación Overlord, el mayor desembarco de la historia de la guerra, ha comenzado. Hasta la noche desembarcarán 170.000 soldados estadounidenses, ingleses, canadienses y franceses, y lograrán establecer varias cabezas de puente bajo el intenso fuego de los búnqueres alemanes. Las divisiones blindadas germanas, que se aproximan para un contraataque inmediato, son detenidas por el alto mando de la Wehrmacht. Sólo el propio Hitler puede ordenar su intervención. Pero éste aún duerme en su cuartel general de los Alpes bávaros. Nadie de su entorno piensa en despertarlo, y nadie cree que ése sea realmente el largamente esperado gran ataque en el frente occidental. El Estado Mayor alemán sigue contando con que el desembarco principal del enemigo tendrá lugar en la zona de Calais.

Claus von Stauffenberg recibe la noticia en Bamberg. Lleva seis días allí con su mujer e hijos, seis días de unas valiosas vacaciones tras las tensiones de los últimos meses. Nina Stauffenberg, que siente el atentado planeado como una espada de Damocles sobre ella, se da ánimos para que los niños no noten nada. Su padre, enfermo del corazón, murió en enero, y su madre ahora le reprocha que no muestre una verdadera tristeza. No puede saber que, con su muerte, a Nina se le ha quitado un peso del corazón. Para el anciano barón von Lerchenfeld habría sido espantoso ver a su yerno en el centro de una conspiración.

Pero todo esto no ha sido importante en los últimos días. Durante un corto tiempo, sólo cuenta la familia. Claus, Nina y los niños han emprendido una excursión al castillo Greifenstein, en la Suiza francesa. Pasando por la Schönleinplatz y el Sophienbrüke, primero van a la estación en el coche de caballos de los Stauffenberg, al que ahora llaman *Krümperwagen*, en referencia a las sacudidas y traqueteos del carruaje. Después el tren pasa por Forchheim, Ebermannstadt y Heiligenstadt, hasta el castillo, donde reside el tío abuelo Berthold, un Stauffenberg de la rama francesa de la familia. Los niños están muy impresionados por el camino de la montaña, el gran sendero de entrada con los antiguos árboles, y la bandera familiar blanquiazul, que aún lleva el crespón de luto tras la muerte de la tía abuela en invierno. Será el último recuerdo de un viaje con su padre que guarden.

Las noticias de Francia ponen fin a las vacaciones. Éste es un día decisivo para los conjurados. Un punto de inflexión, pues ahora deben preguntarse si la muerte de Hitler cambiará en algo las cosas. ¿Se verán apaciguados los enemigos si Alemania es liberada de su tiranía en el último momento? O expresado de otra manera: ¿Tiene ahora sentido la acción porque en el frente occidental puede llegarse a un rápido final de la guerra, mientras que en el oriental se puede seguir resistiendo? Durante estas deliberaciones se recibe una llamada desde Berlín. La seriedad de la situación ha sido comprendida en el cuartel general del Führer, y el entorno de Hitler busca respuestas rápidas. En especial debe forzarse y reorganizarse la movilización de la Reserva. Para ello se necesitan los conocimientos del teniente coronel Stauffenberg, y de inmediato. Se le espera para que informe ante Hitler el día siguiente.

Berthold Stauffenberg intenta hablar con su padre sobre la noticia de la invasión, pero éste evita el tema. El hijo mayor, que lee mucho y tiene interés por la técnica, comienza a interesarse por todo lo militar. Le gustaría ser parte de las Juventudes Hitlerianas, donde ya están casi todos los de su clase. Pero para abril aún era demasiado joven para entrar. Nina hizo un trato con su hijo: si el médico de la familia daba su consentimiento tras examinarlo, le dejará apuntarse. Berthold acepta, pero su madre dispone en secreto que el doctor se ponga y deniegue su consentimiento. También su padre tiene un buen motivo para no hacer caso de la voluntad de su hijo de ingresar en las Juventudes Hitlerianas. Debe concentrarse en esa situación completamente nueva.

Por pesado que sea que la obligación vuelva a tener preferencia, la llamada del cuartel general de Hitler es emocionante. Stauffenberg por fin tendrá enfrente a su némesis. Finalmente podrá hacerse una idea propia de las medidas de seguridad que rodean al Führer. Y definitivamente ya no depende de la aprobación de cambiantes aliados para poder estar activo en el entorno inmediato de Hitler. Ahora obtendrá lo que su precursor, Tresckow, siempre ha buscado: el acceso personal al centro del poder. Stauffenberg se despide de su mujer y de sus hijos. A las dos de la mañana del 7 de julio de 1944 se monta en un tren nocturno hacia Berchtesgaden.

El hombre que debe comparecer ante Hitler junto a Stauffenberg es el coronel general Friedrich Fromm, de cincuenta y cinco años, el comandante del Ejército de Reemplazo y jefe de Equipamiento del Ejército. Era el superior de Stauffenberg en la Bendlerstrasse, pero hasta ahora apenas habían coincidido los dos. Pero esto va a cambiar: Fromm ha comunicado a Stauffenberg, oficialmente, que lo asciende para que colabore más estrechamente con él. El puesto de un jefe del Estado Mayor queda libre, y el 1 de julio será ocupado por Stauffenberg. Este ascenso puede tener muchos motivos, pero Stauffenberg aún tiene que descubrir cuáles son. Lo más sencillo parece ser que su área de trabajo, el envío de nuevas tropas para el frente, se hace más importante cada día. Muchos prohombres del Tercer Reich luchan por esas competencias: Goebbels y Himmler intentan convencer a Hitler continuamente de que sólo ellos pueden desempeñar esas tareas, Keitel tiene buenas bazas desde que se aseguró el acceso directo a la caja de reclutas, pero Fromm no se da por vencido. Con Stauffenberg a su lado como experto, quiere volver a entrar en el juego.

Friedrich Fromm, nacido en Pomerania en 1888, era un gigante de anchas caderas, nariz recta y mentón macizo. La orden llegada desde Berchtesgaden supuso un cambio en su carrera militar. Había caído en desgracia ante Hitler, pues al Führer no le sentaron bien dos memorandos en los que advertía abiertamente de la superioridad del Ejército Rojo y aconsejaba negociaciones de paz con Stalin. Atrás quedaron los tiempos en que en el cuartel general se le consideraba como un brillante técnico de equipamiento que podía movilizar grandes fuerzas para la campaña rusa y que Hitler alababa como «el hombre fuerte de la zona del frente interior». Su enemigo íntimo, Wilhelm Keitel, lo había neutralizado hacía unos dos años. Desde entonces apenas se le permitía el acceso al dictador.

Sin embargo, ese miércoles vuelven a entrar en vigor otras reglas debido al desembarco en Normandía. El Ejército de Reemplazo de Fromm está compuesto por 1,9 millones de soldados en Alemania y en los territorios ocupados. Estas tropas son un valor en alza y un factor de poder que ahora puede ser decisivo. De estas reservas saldrán nuevas unidades para el frente.

Al mismo tiempo, la posición de Fromm es de gran importancia para la resistencia. Sólo él, desde su cargo, puede dar la orden Valkyria al Ejército de Reemplazo. Ser el jefe de su Estado Mayor reportará a Stauffenberg incalculables ventajas en el futuro. Pero el comportamiento de Fromm ante un golpe de Estado es un enigma para los hombres de la resistencia, el coronel general es un táctico experimentado y se muestra impenetrable. No hay ningún signo de que vaya a estar del lado de Hitler en caso de un intento de atentado, pero también parece improbable que pueda estar al frente de un movimiento golpista. Stauffenberg debe actuar con la mayor precaución en lo que a Fromm se refiere.

Desde la estación de Berchtesgaden puede verse la famosa cara norte del macizo Watzmann con su doble cumbre. Stauffenberg conoce la ciudad, que ha visitado hace apenas diez días. Hizo una visita al alto mando del ejército. Cuando Hitler se instala en su cuartel general de los Alpes bávaros, allí le sigue el alto mando del ejército y se instala en unos cuarteles de Strub. Stauffenberg se reunió allí y tuvo contacto con miembros de la resistencia, entre los que se encontraba el sarcástico general Fellgiebel.

Esta vez la visita es muy distinta. Un coche recoge a Fromm y a Stauffenberg. Ascienden por la montaña por una carretera de curvas cerradas hasta el lugar donde se encuentra la puerta al refugio del Führer, donde nadie puede entrar sin una autorización especial. Se van sucediendo pastizales y bosques de alerces hasta que aparece un enorme edificio blanqueado. Con sus rústicos travesaños de madera, parece una granja bávara sobredimensionada: es el Berghof. Está rodeado de praderas y colinas boscosas. Tras él se alza, casi totalmente vertical, la pared norte del Hoher Göll.

El Berghof era la casa de vacaciones privada de Hitler. Desde que en 1923 fue como turista por primera vez a Obersalzberg, ha desarrollado una relación especial con el lugar. Allí escribió la segunda parte de *Mi lucha*, allí alquiló la Haus Wachenfeld a la viuda de un fabricante de artículos de cuero antes de comprarla en 1932 por 40.000 marcos. Después de numerosas reformas se ha convertido ahora en su cuartel general, una central de órdenes completamente equipada que también sirve para recibir invitados de Estado. La habitación de la chimenea y la terraza de la antigua casa se mantuvieron por deseo del dictador, y se integraron en el nuevo complejo.

Son casi las cuatro de la tarde cuando Stauffenberg y el coronel general Fromm se presentan a la reunión extraordinaria con

Hitler. Por delante de unos guardias de las SS, entran en el salón de conferencias de treinta metros de largo, de la planta baja. Una habitación con un alto artesonado y dominada por un enorme ventanal de nueve metros de ancho. Éste permite una impresionante vista sobre Berchtesgaden, la boscosa cima del pico Keifel y la afilada cresta rocosa del Hochthron. Delante tienen una larga mesa de mármol con vetas negras que refleja el panorama. Los visitantes que entran en la sala y bajan los escalones hacia la mesa de los mapas ven al principio solamente enormes sombras ante el luminoso ventanal, hasta que los ojos se acostumbran a la luz. Una oronda silueta con botas altas y rayas rojas en los pantalones debe de ser el mariscal de campo Keitel. Junto a él se encuentra Albert Speer, el ministro del Reich de armamento y producción bélica, con su eterna expresión de alumno modelo en el rostro. Les rodean otros generales. En el centro de todos ellos está Hitler, con su chaqueta de uniforme gris desprovista de cualquier adorno.

Hitler ya conoce el nombre de Stauffenberg. Se dice que, poco después de leer un memorando de Stauffenberg, gritó: «¡Por fin un oficial del Estado Mayor con imaginación y entendimiento!» Además ha llamado la atención de Speer sobre el nuevo hombre del equipamiento del ejército y le ha encargado trabajar estrechamente con él. Lo que primero llama la atención de Speer es el «encanto juvenil» de Stauffenberg, y después su particular forma de hablar. Le parece «especialmente poética y precisa a la vez.»

Stauffenberg lleva nueve meses planeando la violenta muerte del hombre que ahora tiene cara a cara. Se propone observar estrechamente no sólo a Hitler, sino también a él mismo. ¿Notará la supuestamente hipnótica «mirada del Führer», rodeada de leyenda, que juega un papel tan grande en la propaganda del nacionalsocialismo? ¿Lo arrollará la presencia del comandante en jefe hasta hacerlo desistir de su propósito?

Stauffenberg es presentado. Hitler le estrecha la mano izquierda con las dos manos. Se miran a los ojos. Stauffenberg no nota nada en absoluto. «¡Nada de nada! ¡Como mirar tras un velo!», responderá más tarde a la pregunta de su mujer. Comienza la reunión extraordinaria. El dictador cambia de sitio mapas sobre la mesa de mármol con la mano temblorosa, rechaza sugerencias, interrumpe réplicas y mantiene con terquedad su punto de vista. Stauffenberg vive una extraña obra de teatro: los generales que delante de la puerta habían criticado la gestión de Hitler se ven apurados, pierden el hilo, se dejan contradecir o se callan. El único, aparte de Stauffenberg, que no se deja impresionar es el coronel Brandt, el mismo que hace más de un año cogió sin saber lo que era el paquete con la bomba que debía hacer saltar por los aires el avión de Hitler.

En una ocasión, Stauffenberg casi es sorprendido en sus maquinaciones. Hitler fija en él una larga mirada inquisitiva desde el otro lado de la mesa de mármol. Pero aparentemente, su fachada aguanta y el dictador vuelve a mirar poco después al general que tiene la palabra. En realidad el «mayor estratega de todos los tiempos» tiene una personalidad débil. Y su seguridad no era muy buena, observa Stauffenberg. Una vez que se tiene acceso a él, uno puede moverse con relativa libertad en su cercanía. La mayor dificultad siempre había sido lograr ese acceso, pero ahora parece que la resistencia tiene por fin un as. La Operación Valkyria entrará en una fase decisiva, y Stauffenberg tiene ahora una idea sobre quién acabará cometiendo el atentado: él mismo.

El grupo que se reúne en torno a la mesa redonda bajo un enorme tapiz le parece una especie de curioso circo. Himmler también está presente, con unas gafas color beige, nuca afeitada y gruesos anillos en los dedos. A Stauffenberg le parece un peligroso psicópata. Igual que Göring, cuyo hinchado rostro da la impresión de que se acaba de maquillar. Speer es el de apariencia más normal. Se habla de las cifras de la producción de munición, de los cañones antitanque, de aviones, de las medidas para la rápida movilización de tropas, de detonadores de inducción que reaccionan ante dispositivos de búsqueda, y de cuatro «túneles del Führer» que se construyen como refugio para los trenes especiales de Hitler. De lo que no se habla es de la seriedad de la situación.

Después de que Hitler se despertara por fin el día de la invasión, ordenó la destrucción total de las cabezas de puente aliadas. Pero no permitió la intervención de las unidades blindadas que pedían sus generales. De esta forma, los estadounidenses, británicos y canadienses aumentaron su presencia en la costa hora tras hora. Un problema que los nacionalsocialistas allí reunidos están ignorando sin más. Göring ha vuelto a hacer promesas insostenibles acerca de lo que puede hacer la Luftwaffe, y todos quieren creérselas. En el Berghof reina una atmósfera fantasmagórica, una mezcla entre negación de la realidad y aislamiento del mundo exterior, que a Stauffenberg le parece «corrupta y putrefacta». Se siente como si le faltara el aire, y se alegra cuando, por fin, puede salir al aire libre.

La estrategia para el atentado se le plantea de forma más clara que nunca. Hitler ha declarado la movilización de nuevas divisiones de la reserva como cuestión vital, por lo que en las próximas semanas habrá más reuniones extraordinarias. El propio Stauffenberg podría colocar la bomba cerca del dictador. Pero ¿tiene sentido dar ese paso, a la vista de la inminente derrota militar? Stauffenberg vuelve a buscar consejo, el del hombre de quien ha tomado la dirección de la Operación Valkyria.

Sabe que Henning von Tresckow acaba de ser ascendido a general de división y que se encuentra en Prusia Oriental en una reunión de jefes del ejército, así que envía a un miembro de la resistencia, un conde, para que haga esa pregunta decisiva. La respuesta de Tresckow despeja cualquier duda: «El atentado contra Hitler debe tener éxito a cualquier precio», dice el mensaje. «Aunque fracase, el golpe de estado debe intentarse de todos modos. Pues ya no se trata del sentido práctico, sino de que el movimiento de resistencia alemán se ha atrevido a dar el golpe decisivo ante el mundo y ante la historia a riesgo de la propia vida. Todo lo demás es secundario.»

XIII. EL JURAMENTO

BERLÍN,
julio de 1944

El 1 de julio de 1944, el conde Claus von Stauffenberg es ascendido a coronel. Ahora lleva una segunda estrella dorada sobre sus hombros. Al mismo tiempo ocupa su nuevo puesto oficial, para el que se prepara desde hace semanas: jefe del Estado Mayor del coronel general Fromm. De su anterior oficina con vistas al jardín del antiguo gabinete de la Marina y al frontal del ministerio de Guerra se traslada a una habitación mayor que da directamente a la Bendlerstrasse. Un alto techo estucado, parqué de roble, una ventana con balaustrada de forja que llega hasta el suelo: su nuevo puesto tiene un aspecto magnífico. Quien disfruta de un puesto así suele ascender a general.

A través de un pequeño cuarto de mapas se llega a Fromm, cuyo despacho es aún más lujoso, con cortinajes y paredes revestidas de roble. Sin embargo, Stauffenberg tiene una antesala más bonita, un largo salón con puertas de cristal de estilo *art déco*. A esta sala se le llama la Sala de los Espejos. En ella se sientan las secretarias y los ayudantes en varias mesas, salen y entran los oficiales o conversan sentados en los estrechos sofás apoyados en las paredes. Stauffenberg se encuentra algo alejado de Olbricht, su más estrecho compañero de conspiración, si bien trabaja en el mismo edificio y en la misma planta. En caso de urgencia puede estar a su lado rápidamente. Todo esto será importante en los dramáticos acontecimientos que pronto se desarrollarán.

Su primera acción oficial en el nuevo despacho es quitar el retrato de Hitler de su campo de visión y desterrarlo a su espalda. Pronto hará cuatro años desde que dijera a un amigo íntimo que quería estudiar la foto del Führer cada día para tener ante sus ojos la «desproporción» y la «locura» de su rostro. Ahora el retrato sirve a un nuevo propósito: siempre que un compañero o un subordinado entra en la habitación y se queja sobre órdenes sin sentido o exigencias del cuartel general imposibles de cumplir, Stauffenberg lanza el muñón de su brazo derecho hacia atrás con rapidez. «Órdenes de éste», dice en tono sarcástico, y se ahorra así cualquier discusión posterior.

El día de su toma de posesión, Stauffenberg recibe a un joven teniente de artillería al que quiere ganar para su causa. Lo recibe con una guerrera de color claro y pantalones de oficial grises, le da la mano izquierda y actúa con tal vitalidad y seguridad que al visitante se le olvidan enseguida sus minusvalías.

«Comencemos *in media res* —dice Stauffenberg sin dilación—. Cometo alta traición con todos los medios a mi disposición.» Después habla de la «ineludible y desconsoladora» situación militar, que no cambiará ningún golpe de Estado. «Pero puede evitarse mucha sangre y un terrible caos —dice—. Debe acabarse con la deshonra del gobierno actual. Podemos fracasar, pero peor que el fracaso sería la vergüenza de caer sin haber hecho nada. Sólo actuando podemos recobrar la libertad dentro y fuera del país.» El joven oficial está impresionado. Se declara dispuesto a apoyar el plan con todas las consecuencias.

Constantemente hay un ir y venir en el despacho de Stauffenberg. De vez en cuando aparecen civiles que llaman la atención en el entorno militar de la Bendlerstrasse. Tampoco al coronel general Fromm le pasa desapercibido el ajetreo. Pregunta asombrado lo que se trae entre manos el jefe de su Estado Mayor, y se propone llamarlo para pedirle explicaciones. Sin embargo, a la omnipresente policía secreta no le está permitido vigilar secciones administrativas militares. Stauffenberg ha encontrado una posición desde la que puede actuar con relativa libertad.

Por el contrario, el hombre que Stauffenberg ha encontrado para su antiguo puesto es enérgico y decidido: Albrecht Ritter Mertz von Quirnheim, de treinta y nueve años. Un bávaro calvo que a veces pone cara de pocos amigos tras sus redondas gafas de carey, nacido en Múnich en 1905 y conocido de Stauffenberg desde hace casi veinte años, cuando los dos eran aún candidatos a oficial. De mucho antes aún data la amistad de Mertz con el oficial Werner von Haeften, a quien conoce del colegio. A mediados de los años treinta, Mertz y Stauffenberg estudiaron juntos en la academia militar, y tras la campaña de Francia se encontraron de nuevo en el Estado Mayor, donde ambos obtuvieron un puesto. Por aquel entonces Mertz estaba cerca del nacionalsocialismo y, al igual que Stauffenberg, daba a Inglaterra por prácticamente vencida. En una conversación con varios oficiales bosquejaron, como portavoces de la generación más joven, el destino final de la hybris, la desmesura, de Hitler: «Llegará el día en que haya que enfrentarse a él con la fuerza».

A comienzos de mayo Mertz regresa al hogar tras recibir órdenes de abandonar las posiciones rumanas, lo que al principio considera «una gran mala suerte», pues ve su lugar en el frente. Pero cuando se entera de que Stauffenberg está detrás de ello, y éste le explica la verdad sobre la situación militar y lo introduce en la conspiración, de pronto se siente «como liberado» y ve su nueva tarea «en un contexto apropiado». A partir de entonces vive en casa de los Stauffenberg en la Tristanstrasse. «Debemos actuar por Alemania y Occidente», escribe a Hilde, su mujer, con quien se ha casado dos semanas antes. Y un par de días después: «Hoy me he sentado en la silla de Stauff con un audible empujón y con toda la seguridad en mí mismo de que dispongo. La cabeza me bulle tras los cortos seis días de preparación. Pero ya es hora de que me involucre y tome mi propia responsabilidad.» Las ganas de actuar que se desprenden de esas palabras dan nuevos ánimos a Stauffenberg. Han encontrado otro compañero con quien congeniar.

Hay muchas cosas que pueden poner nerviosos a los conspiradores esos primeros días de julio. Mientras Alemania mira hip-

Tras su visita al Berghof, Fromm y Stauffenberg han tenido un acercamiento. Tras sopesar todo lo que conoce acerca de la postura de Fromm, Stauffenberg decide mostrar sus cartas. «No creo que pueda ganarse la guerra —le dice a su superior—. Pero la culpa de esta derrota no la tiene nadie más que Hitler.»

Fromm le da a entender que está de acuerdo con esa afirmación. Animado, Stauffenberg prosigue: sólo mediante el esfuerzo de todas las fuerzas militares puede llegarse a unas negociaciones de paz y con ellas quizá a unas tablas en el plano bélico. Pero para ello es necesario matar a Hitler y tomar el poder en el país. Quiere intentar ambas cosas desde su nuevo puesto, y cree su obligación informar de estos planes a Fromm.

Éste lo escucha en silencio, agradece a Stauffenberg su franqueza y le dice que tiene que volver al trabajo. Stauffenberg ve así reafirmada su idea de que puede hablar con Fromm de cualquier cosa. Lo que el cerrado coronel general no dice en ese momento es que él mismo espera tomar el poder con su Ejército de Reemplazo cuando los frentes caigan y los aliados crucen las fronteras del Reich. Pero sólo entonces, y no antes, lo cual es un punto decisivo para él. Tampoco ve correcta la eliminación de Hitler mediante la violencia. Su caída debe tener lugar públicamente para que el Führer pierda definitivamente el apoyo del pueblo.

¿Por eso convirtió a Stauffenberg en su más estrecho colaborador? Una cosa es segura: Stauffenberg podría ser muy útil para sus planes algún día. Entre tanto, Fromm cree que puede controlarlo y domarlo. Un gran error, como se verá más adelante.

Desde fuera, Fromm parece bastante desinteresado y se esfuerza por mantener esa fachada. Su único hijo cayó en el frente ruso, y el patrimonio de su familia fue destruido durante los bombardeos nocturnos. En una ocasión dice al *Polizeipräsident* de Berlín, que es parte de la conspiración: «Lo mejor sería que el Führer se quitara la vida.» Pero nadie cuenta con eso. Así que Fromm deja que las cosas sigan su curso, practica su pasión por la caza en los alrededores de Berlín y cuida a su perro salchicha en su casita junto al Lebersee.

notizada hacia el oeste, donde el 21.º Grupo de Ejércitos aliado amplía su cabeza de puente en Normandía bajo las órdenes del mariscal Montgomery, la catástrofe real se desarrolla en el Este. El excesivamente dilatado frente del Grupo de Ejércitos Centro se ha roto. En poco más de una semana, el Ejército Rojo ha decidido el combate por Bielorrusia: veintiocho divisiones alemanas están destruidas, y se han perdido 350.000 hombres, una catástrofe que dobla la de Stalingrado. El jefe del Estado Mayor del Ejército, a quien se vitupera y se culpa desde todos lados, sufre un colapso y pasa a la reserva. Henning von Tresckow, como jefe del Estado Mayor del 2.º Ejército, también está en medio de esa locura de la que ya lleva advirtiendo durante meses. Por último, ha comenzado a falsificar sus informes desde el frente. Sólo así han recibido órdenes de retirada de Hitler a tiempo y sólo así ha logrado salvar a la mayor parte de sus hombres.

Stauffenberg parece ahora extenuado. Mientras explica los planes del golpe de Estado a su amigo, el cirujano Ferdinand Sauerbruch, éste lo interrumpe de inmediato. Tiene que sacarse eso de la cabeza. Sus heridas son demasiado graves, su estado físico demasiado malo y algo tan ambicioso no es lo más adecuado para sus nervios. Stauffenberg se siente herido. Se levanta y quiere marcharse de inmediato, y cuesta volver a calmarlo. Nadie debe poner en duda su determinación.

Entre los hombres de la resistencia también se crean conflictos continuamente. Stauffenberg es criticado porque ha anunciado varias veces intentos de atentado que nunca han tenido lugar. Los civiles del grupo se preguntan si los militares van en serio y muestran poca comprensión ante las dificultades prácticas. Por su parte, Stauffenberg cuestiona la concepción política del golpe de Estado, basándose en las ideas que desarrolló con su hermano en Lautlingen. Especialmente el conservador Goerdeler se toma esto como una agresión personal. Lo irrita que Stauffenberg lleve a cabo sus propias indagaciones. A su vez, los planes de Goerdeler son atacados duramente por el realista y socialdemócrata Leber. La propuesta expresada a menudo de que Prusia Oriental, Alsacia y Lorena y los Sudetes tengan que permanecer en manos alemanas tras un acuerdo de paz es ridiculizada por Leber como una vacua ilusión.

Pero tampoco Leber está libre de esperanzas inútiles. Intenta que los comunistas se sumen a la coalición de opositores de Hitler y entra en contacto con el comité central clandestino del partido. Esto es tremendamente peligroso, pues los comunistas han sido brutalmente aniquilados en el interior del Reich, y los pocos activistas que siguen libres son vigilados de manera intensiva por la Gestapo. Aun así, Leber afirma en el círculo de los conspiradores que hay dos hombres en quienes puede confiar, y que con uno compartió durante años el campo de concentración. El contacto con los comunistas es un tema controvertido dentro del grupo, pero el encuentro acaba teniendo lugar. La reunión en la vivienda de un médico berlinés transcurre de manera intranquila. Un tercer hombre desconocido aparece sin avisar, y en contra de todas las reglas del movimiento clandestino, se pronuncia el verdadero nombre de Leber. Los comunistas también quieren saber cómo está planeado el golpe del día X, a lo que Leber responde, irritado, que para contestar a esa pregunta es demasiado hacerse tan pronto. Sin embargo, en cuestiones políticas, sus interlocutores se muestran sospechosamente moderados. Después de la reunión, Leber se pregunta si habrá cometido un error o si está viendo fantasmas.

Entre tanto, en la vivienda de los Stauffenberg en la Tristanstrasse vuelve a vivir como invitado Rudolf Fahrner, el amigo del colegio. Junto a él, los hermanos ultiman las proclamas de la resistencia: éstas son más cortas y directas, y adecuadas a la situación después del desembarco en Normandía. Además, Claus y Berthold dejan sus motivos plasmados para la posteridad por última vez en un «juramento» que los unirá a ellos y a sus amigos en un futuro incierto. «Creemos en el futuro de los alemanes —dice el juramento—. Sabemos que el alemán tiene las fuerzas que lo llaman a llevar a la comunidad de pueblos occidentales a una vida mejor. Nos adherimos en espíritu y acción a las grandes tradiciones de nuestro pueblo, que, mediante la fusión de raíces helénicas y cristianas en el ser germano, creó a la humanidad occidental. Queremos un nuevo orden que haga de todos los alemanes los soportes del Estado y que les asegure derecho y justicia, pero despreciamos la mentira de la igualdad y nos inclinamos ante la jerarquía natural.» Y así continúa, a lo largo de una página que plasma las ideas de los hermanos Stauffenberg poco antes del acto: ideas de altas aspiraciones, más aristocráticas que democráticas y profundamente impregnadas del significado del «ser alemán». El impulso decisivo para actuar no puede separarse de la irreductible conciencia de su misión que resuena en esas palabras. Ambas cosas se condicionan mutuamente.

A pesar de la dramática situación, Fahrner ve a Claus von Stauffenberg sorprendentemente tranquilo, «completamente libre en su espíritu, chispeante y productivo». No da ningún consejo sin una risa, sus bromas siguen como siempre. Y a pesar de sus tremendas cargas, encuentra tiempo para cosas aparentemente secundarias: por ejemplo para los escritos de su hermano Alexander, que ha traído Fahrner, y que Claus, sin que nadie se explique cuándo ni como, ha leído con atención. Fahrner, Claus, Berthold y Mertz von Quirnheim están sentados juntos durante el desayuno, en el balcón de madera. Unas avispas vuelan alrededor de la mesa y Stauffenberg huye al interior de la vivienda. «Mis heridas tienen una ventaja —dice riéndose—. Ya no tengo que ocultar mi miedo a las avispas».

El 4 de julio, Fahrner y Stauffenberg hablan de nuevo sobre la cuestión decisiva de si el atentado sigue teniendo sentido mientras dan un largo paseo por las calles del distrito de Wannsee. ¿No debería Hitler ser vencido desde el exterior? ¿No podrían entonces las fuerzas de una Alemania mejor ponerse manos a la obra sin ningún desgaste? En contra está la idea de las vidas humanas, no sólo del lado alemán, que el dictador arrastrará consigo en su caída. ¡Cuántas de ellas podrían salvarse! Y más importante aún: un signo de limpieza interna, un intento de salvar el honor, ¿no es eso lo que cuenta ahora? Por mucho que pueda retorcerse y darle vueltas, la cosa es así: Hitler debe morir, y Stauffenberg debe activar la bomba personalmente. ¿O no? Tras una corta reflexión, Fahrner también asiente ante esa difícil pregunta. Nunca olvidará la «indescriptible expresión» que se enciende a continuación en los ojos de su amigo.

Esa misma noche es muy ajetreada en la Tristanstrasse. Una cadena ininterrumpida de conversaciones telefónicas que Fahrner escucha le muestra los problemas con los que Stauffenberg lidia diariamente: Desesperación en el frente, refugiados del frente oriental que se mueven por miles en el Reich, la lucha por el poder de las distintas secciones del partido —que están llevando a cabo una especie de guerra dentro de la guerra—, la necesidad personal de conocidos y amigos. Stauffenberg está siempre moviéndose mientras habla por teléfono: va llevando el cable tras él, dando saltos, caminando adelante y atrás sin pausa. «Lo que decía lo mostraba pensativo, compasivo, previsor, capaz de discriminar entre lo urgente y lo aplazable, lo justo y lo injusto, siguiendo una cuestión a lo largo de varias conversaciones hasta aclararla, gestionando, reforzando, animando, rechazando, cortando.» Al igual que otros observadores antes que él, Fahrner apenas logra abarcar las tareas de ese hombre, y se asombra mucho cuando se sienta con los dos hermanos a comer algo y tomar vino a eso de las once de la noche y vuelve a tener delante al otro Stauffenberg: completamente absorbido por los poéticos versos de su hermano, los cuales leen en alto entre los tres una vez más y los discuten apasionadamente, sumidos en cuestiones artísticas como si no hubiera nada más en el mundo. Falta poco para el alba cuando se van a dormir un poco.

Un par de horas antes, la resistencia ha sufrido un duro golpe en Berlín-Charlottenburg. Allí estaba previsto un segundo encuentro clandestino con los comunistas clandestinos. El lugar era el metro de Reichskanzlerplatz, que ahora se llama oficialmente Adolf-Hitler-Platz, una amplia zona verde entre las calles del eje este-oeste. El belicoso socialdemócrata Leber no ha aparecido por allí, quizá a causa de una premonición. Otro resistente socialdemócrata sí ha acudido a la cita y ha caído en manos de la Gestapo. Probablemente es obra de un chivato, el misterioso «tercer hombre» que apareció la última vez. Con esto se sella el destino de Leber. La mañana siguiente llaman a su pequeña «guarida de conspirador», situada cerca de la estación de Schöneberg, entre las montañas de carbón de la empresa Bruno Meyer Nachfolger, donde trabaja. Una vez más en su agitada vida de resistente, es detenido por la policía secreta.

La noticia de la detención llega a Stauffenberg por la mañana mientras está en la Bendlerstrasse. Sabe que Leber tiene mucha experiencia con los interrogatorios de la Gestapo, y que los años en los campos de concentración no han logrado romperlo. Puede suponer que la información sobre el golpe de Estado sigue estando segura. Sin embargo, está furioso, pues consideraba al valiente socialdemócrata como indispensable. «¡Necesitamos a Leber, yo lo saco!», dice a uno de sus compañeros de conjura.

XIV. HEXONITA

GUARIDA DEL LOBO, PRUSIA ORIENTAL,
15 de julio de 1944

E l 15 de julio de 1944 cayó en sábado algunos berlineses describirían ese día más tarde como «de un calor sofocante». La predicción del observatorio meteorológico de Dahlem fue de una temperatura máxima de 23 grados y un día completamente nublado, lo que no apoya esos testimonios. A eso de las siete de la mañana, Claus von Stauffenberg, el coronel general Fromm y el capitán Karl Klausing se encuentran en el aeródromo militar de Rangsdorf, cerca de Berlín. Stauffenberg lleva su habitual chaqueta de verano clara. Suben a un Junker Ju-52, el animal de carga más fiable entre los aviones de pasajeros alemanes. La orden de comparecer de nuevo para informar de la situación a Hitler ha llegado el día anterior. No había mucho tiempo para los preparativos, pero los conjurados de la Bendlerstrasse están preparados. Allí debe volver también Stauffenberg en cuanto se cometa el atentado. El coronel general Beck, la mayor autoridad de la resistencia, le ha recalcado una vez más que de ninguna manera debe ponerse en peligro a sí mismo. Que el ejecutor del atentado siga vivo es imprescindible para que tenga éxito el golpe de Estado en Berlín.

El coronel general Fromm sabe está al corriente del plan que se está fraguando en sus oficinas. Hace sólo dos días expresó un deseo de manera discreta: «¡Por el amor de Dios, no os olvidéis de Keitel cuando deis el golpe!» La idea de ver a su enemigo encarcelado o incluso muerto lo llena de cierta alegría. Pero no conoce ningún detalle y no quiere tener nada que ver. Aparentemente no se le ha ocurrido la idea de que un atentado contra Hitler pueda ponerle en peligro irremediablemente.

A los pies de Stauffenberg hay una pesada cartera de cuero de color marrón. Dentro hay un pantalón de muda, y debajo dos paquetes cuidadosamente envueltos: dos masas de explosivo plástico de unos veinte centímetros de largo, ocho de ancho, cinco de espesor y unos 950 gramos de peso. Con ellas hay dos detonadores, cargas de transmisión de tetilo y cuatro percutores de fabricación inglesa. La Gestapo no pudo reconstruir la mezcla exacta del explosivo después del atentado. Una de las masas es hexonita, la variante alemana de una mezcla explosiva inglesa, que puede moldearse como se desee. Se ha obtenido de las reservas de la Abwehr y Stauffenberg la recibe a finales de junio. La otra masa podría ser un material inglés y provenir directamente de Henning von Tresckow. Desde el comienzo de la Operación Valkyria circulan diversas cargas explosivas en el círculo de la resistencia, pasan de unos a otros y son escondidas en los más distintos lugares. En una ocasión, en el campamento Mauerwald, la Feldgendarmerie observó a dos oficiales cavando y encontraron en el hoyo un paquete explosivo. Los conspiradores de la Abwehr tuvieron que esforzarse por que la investigación del caso recayese sobre ellos y volver a hacer llegar el material a manos de los conjurados. Así que el segundo paquete que vuela ese día posiblemente tiene una historia movida.

Cuando el avión despega, los conjurados comienzan su labor. El coronel Mertz, el decidido ayudante de Stauffenberg, ordena la Valkyria. El oficial de guardia de la Bendlerstrasse da las órdenes preparadas a varios cuarteles del entorno de Berlín, donde se entrena a los nuevos reclutas del ejército. Entre ellos se encuentran la escuela de oficiales de Potsdam, la escuela de infantería de Döberitz y los granaderos acorazados de Cottbus. Las órdenes son formar las filas, crear unidades de combate, tomar las armas, organizar el transporte y comunicar la inminente entrada en acción. Los comandantes comienzan de inmediato la ejecución de las órdenes. Lo que no saben aún ni soldados ni oficiales es dónde deben actuar. Esperan nuevas instrucciones. A continuación, los conspiradores se atreven a dar un valiente paso: se ponen en contacto con la escuela de tropas acorazadas de Krampnitz. Los oficiales de la Bendlerstrasse no puedan disponer solos de los eficientes Panzer. Sería necesario un acuerdo con el inspector general del arma acorazada, el coronel general Heinz Guderian, considerado fiel a Hitler. Esta iniciativa puede acarrear grandes dificultades si las cosas no siguen el plan establecido. Esa mañana el general Olbricht y su gente están corriendo ya un considerable riesgo.

Carl Goerdeler, futuro canciller, se prepara en su casa, tras haber instado durante los últimos días a «avanzar hacia delante». Bajo el pretexto de una gran redada en busca de ladrones extranjeros, los conjurados del *Polizeipräsidium* berlinés movilizan a una serie de funcionarios para que se preparen para la detención de varios líderes nazis en Berlín. También esperan su señal algunos jóvenes oficiales de la resistencia que acudirán a la Bendlerstrasse a reforzar a los conspiradores. Todas esas medidas no están exentas de peligro, pero el sentimiento de que esta vez debe lograrse es palpable en el aire.

Y llega la hora. Nada ha costado más nervios en el seno de la resistencia que los fallidos ataques de la semana anterior. Los días 6 y 11 de julio, Stauffenberg acudió de nuevo al Berghof para encontrarse con Hitler. Una vez va solo, y la otra con el coronel general Fromm. En ambas ocasiones lleva la bomba en el equipaje, y al menos la segunda vez estaba completamente decidido a actuar; Witzleben y Goerdeler estaban advertidos. Sólo la ausencia de Himmler, que debía morir junto con Hitler, evita el atentado una vez más. La lógica que hay detrás de esto está clara: Un Himmler con vida puede desencadenar una sangrienta guerra civil tras la muerte de Hitler si ordena a su Sicherheitspolizei y a sus Waffen-SS que luchen contra el ejército. El escenario ideal sería hacerle saltar por los aires a la vez que Hitler.

La razón por la que Hitler requiere la presencia de Fromm y Stauffenberg es la siguiente: hay que movilizar quince nuevas divisiones en el menor tiempo posible. Éstas, conocidas como

Sperrdivisionen o divisiones de cierre, son la única esperanza de detener el avance del Ejército Rojo en el frente oriental. «El Ejército de Reemplazo pierde muchos instructores y especialmente mucho material valioso con estas movilizaciones», anota Fromm en su informe oficial. Durante la última reunión con el dictador también se trató, en un irónico giro del destino, del plan Valkyria. Hitler firma la última versión y cede el poder a la Wehrmacht en caso de crisis en el país. Pero el tiempo también apremia en esto: Goebbels está creando una red de *Reichsverteidigungskommissaren*, comisarios de defensa del Reich en Berlín. A Bormann le gustaría traspasar el poder a la estructura del partido en caso de crisis. Ambos han visto la importancia de la intervención de unidades armadas si se enfrentan a un ataque en el interior. Cada nueva decisión de Hitler sobre esta situación hacen que el plan Valkyria se convierta en papel mojado.

El conde Claus von Stauffenberg ha asegurado al futuro jefe de Estado, Ludwig Beck, que el siguiente intento tendrá éxito a toda costa. Y Goerdeler ya ha emitido un acalorado juicio sobre los resistentes militares: «¡Ésos no lo hacen nunca!» El conservador de Leipzig ha atacado especialmente a Stauffenberg y sus ideas políticas: «Ni quiere renunciar al totalitarismo, ni a lo militar, ni al socialismo.» Pero nada de eso puede hacer que Stauffenberg modifique sus planes.

El destino de hoy no es el Berghof, sino la Guarida del Lobo en Prusia Oriental. Todo el cuartel general del Führer se trasladó el día anterior. Antes de la partida de Berchtesgaden, Hitler paseó con actitud deprimida por las habitaciones del Berghof, y a su compañera, Eva Braun, le habló de una oscura «premonición». El dictador nunca volverá a Berchtesgaden. Su decisión de volver a la Guarida del Lobo preocupa a sus allegados. El Ejército Rojo se encuentra entretanto en Augustowo, a unos cien kilómetros de distancia del cuartel general del Führer. Sin embargo, Hitler es supersticioso y está firmemente convencido de que su presencia en Prusia Oriental reforzará la moral de las tropas y detendrá el avance del enemigo.

El lento Junker 52, cuya velocidad máxima es de sólo 290 kilómetros por hora, necesita unas dos horas y media para recorrer los quinientos cincuenta kilómetros que hay entre Berlín y Rastenburg. Stauffenberg, Fromm y Klausing aterrizan poco después de las nueve y media en el aeródromo de Gut Wilhelmsdorf. Un teniente de la comandancia del cuartel general los recoge en su Opel Admiral. El pesado coche, con su gran rejilla de ventilación, circula por la carretera en dirección a Lötzen. Cerca de Gut Queden, el conductor se desvía hacia el norte, por un idílico y poco firme camino que atraviesa las landas de Queden. Solitarios abedules y algunos enebros marcan el paisaje, y sobre el brezo vibra el calor. Continuamente aparecen pequeños lagos de nombres románticos, como Esencia de Ondina, y solitarias fincas, como la neoclásica Gut Görlitz, por delante de la cual pasan poco antes de llegar al cuartel general. Después de seis kilómetros llegan a la llamada «alambrada exterior» y al cinturón de minas que delimita el área de diez hectáreas del cuartel general.

La Guarida del Lobo fue bautizada así por el propio Hitler: sus amigos lo bautizaron hace años como *Wolf*, lobo, y *Schanze* es una antigua palabra usada para designar una instalación militar de defensa. Se encuentra a unos ocho kilómetros al este de Rastenburg y a cien kilómetros de Königsberg. Fue construida en 1941 y 1942 en un terreno pantanoso del bosque de Rastenburg. Las compañías de guardias tienen que llevar velos contra los mosquitos, y a Hitler le gusta oír el croar de las ranas al dormirse. Siempre que el dictador instala su cuartel general ahí, viven y trabajan allí Keitel y Jodl, el jefe del Estado Mayor de la Wehrmacht, el ministro de Asuntos Exteriores Von Ribbentrop, y desde 1944 también Göring, además de Bormann, todos ellos con sus oficiales y ayudantes. El jefe de prensa del Reich, el médico personal de Hitler, el servicio central de comunicaciones telefónicas y el de estenografía también están allí, al igual que un regimiento en servicio de escolta que se esconde en los bosques cercanos con cañones antiaéreos, artillería antitanques y vehículos antiincendios. En total más de 2.100 soldados y civiles.

El vehículo de Stauffenberg pasa por el puesto de guardia oeste. Un camino ensanchado lleva a través de un bosque de abedules, pinos, robles y hayas. La ruta continúa por el perímetro de seguridad II, hasta el área de seguridad del Estado Mayor de la Wehrmacht y la Kommandantur. A ambos lados del camino se ven numerosos trabajadores de la Organización Todt. Están ocupados en reforzar los búnkeres y fortificaciones, plantando hierba y árboles, y ocultándolos con telas de camuflaje. El servicio de noticias ha informado de que los estadounidenses están empleando bombas de seis toneladas que podrían ser peligrosas incluso para las fortificaciones más reforzadas. Sin embargo, la reforma es una pura medida de precaución. Hasta ahora no ha habido ningún ataque aéreo sobre la Wolfschanze, y los pocos aviones de reconocimiento rusos que se han visto parecen no haber descubierto lo que se esconde bajo el frondoso follaje del bosque de Görlitz.

Cuando pasa los puestos del perímetro de seguridad II, Stauffenberg ve una fila de barracones de madera que están protegidos con muros de ladrillos contra la metralla. En el centro se encuentra el antiguo balneario de Görlitz, cuyo tejado arqueado se alarga formando una gran terraza. En tiempos mejores, los excursionistas de la ciudad recibían pastelillos, *Streuselkuchen* y leche fresca. Ahora les está esperando el comandante del cuartel general con algunos oficiales de su Estado Mayor. Primero desayunan. Stauffenberg sabe ocultar su tensión. Su comportamiento les parece a los presentes completamente impersonal. Habla poco y de forma objetiva, y sólo sobre cosas oficiales. Y sin embargo, durante esos minutos establece un estrecho contacto con los hombres de la comandancia.

Durante el desayuno, Stauffenberg se disculpa un momento, tiene que hacer una llamada. Llama a dos conspiradores del cercano campamento Mauerwald, uno de los cuales es el jefe de comunicaciones, el sarcástico general Fellgiebel. Entonces recibe una noticia que lo turba y enfada. Los dirigentes de la resistencia en Berlín le comunican que esta vez también debe intentar hacer saltar por los aires a Hitler y a Himmler a la vez, de otro modo no debe activar la bomba. Esto contradice los intensos preparativos que en este momento se están desarrollando y que no permiten ningún aplazamiento. Mientras que Stauffenberg arriesga una vez más su vida y a que lo descubran, en la capital parece haber vuelto a abrirse el debate, y al parecer reina la indecisión. ¿Tiene aún el apoyo total de los principales conspiradores y puede dar el paso decisivo hoy? Sólo hay una cosa que le hace ser optimista: Himmler se ha involucrado mucho en la movilización de las quince nuevas *Sperrdivisionen*, así que puede suponerse que será difícil que se pierda la reunión de hoy.

Cerca de las once menos cuarto, Stauffenberg, Fromm y Klausing se ponen en marcha hacia el perímetro de seguridad I. Aquí se yerguen grandes estructuras de hormigón en las que se está trabajando. Son los búnkeres de Hitler, Göring, Bormann y Keitel. Esa área cercada dispone de sus propios puestos de guardia. Allí está el barracón del mariscal de campo Keitel. En ese barracón se debate otra vez durante dos horas sobre nuevas movilizaciones, pero Stauffenberg tiene preocupaciones muy distintas. Piensa en cómo puede activar las bombas. Está claro que necesita un momento en el que nadie lo observe, de otra forma será difícil que pueda romper la cápsula del detonador y activarla con sus tres dedos y los alicates especialmente doblados. El tiempo de retardo del detonador inglés es de treinta minutos, pero sabe perfectamente que el calor del verano puede acelerar el proceso, y la carga podría detonar en catorce minutos. Cuando esté confirmada la presencia de Himmler, a Stauffenberg sólo le quedará la posibilidad de salir en mitad de la conferéncia militar, activar el detonador y después volver con el explosivo en marcha. Y menos de diez minutos después debe estar fuera de nuevo.

Por fin llega el momento de la verdad. Fromm, Stauffenberg y Keitel pasan al llamado «barracón de conferencias». De nuevo hay que pasar un puesto de guardia para acceder al recinto interior y más estrechamente protegido del cuartel general, el llamado «recinto de seguridad del Führer». Allí sólo tiene acceso el entorno más cercano de Hitler, los oficiales del exterior necesitan un pase expresamente otorgado para la visita. Stauffenberg sabe que los registros corporales y de equipaje no son habituales. Sin embargo, está completamente en tensión cuando el soldado de guardia armado les franquea el paso.

Hitler vive en esos días en el búnker de invitados, que se encuentra junto al barracón de conferencias. Es el único búnker que ya está protegido por la nueva cubierta de hormigón de siete metros de espesor. A la entrada del barracón, Stauffenberg y Keitel hablan con un general de las fuerzas aéreas, y después salen tres hombres del búnker: un contraalmirante con el uniforme azul de la Marina, un funcionario del «servicio de seguridad del Reich» y Hitler. Este último saluda a los presentes con un movimiento de mano. A pocos metros del grupo se encuentra el que es el fotógrafo de Hitler desde sus días de Múnich, quien siempre puede estar cerca del Führer. El fotógrafo pulsa el disparador y así se hace una famosa foto, la única que muestra juntos al dictador y al autor del atentado. La guerrera gris de Hitler parece arrugada. El conde Claus von Stauffenberg, con su chaqueta de uniforme de color claro, destaca por encima del grupo. Está muy erguido. Sus pies, calzados con botas altas, se encuentran pegados el uno junto al otro, casi como si hubiera adoptado posición de firmes. Su comportamiento no desvela nada, y vuelve a dar la imagen de oficial gravemente herido pero fanáticamente leal a Hitler. Pero la hora de la verdad, en la que podrá quitarse finalmente ese disfraz, se acerca cada vez más.

Comienza la «conferencia de mediodía», el informe habitual sobre la situación de los frentes y los últimos acontecimientos militares. Después tendrá lugar la reunión extraordinaria con Hitler, en la que Stauffenberg y Fromm deben informar acerca de la movilización de las *Sperrdivisionen*. Esa sesión no sirve para el atentado, pues Stauffenberg tiene que estar presente como orador. Si la bomba debe detonar hoy, tiene que ser durante la «conferencia de mediodía».

El barracón de las conferencias es un edificio de madera y ladrillo pintado con rayas grises, con una cubierta de hormigón reforzado contra bombas incendiarias. Antes se encontraban allí los despachos de los ministros del Reich para Armamento y Munición, y más tarde se derribaron unos tabiques para crear una sala de reuniones mayor. Ahora mide unos doce metros de largo y cinco de ancho, y tiene ventanas en tres de sus lados que están abiertas de par en par por el calor del verano. Cada racha de aire juega con las cortinas de cuadros. Por lo demás, la habitación es más bien monótona. En el centro hay una gran mesa de roble macizo de unos seis metros de largo sobre tres grandes soportes. Sobre ella hay mapas. Junto a la puerta de entrada hay unas mesas más pequeñas para colocar carpetas y documentos.

Lo primero que aprecia Stauffenberg es que Himmler tampoco se encuentra presente esta vez. Esto hace más difícil la situación, pues ahora no puede actuar sin consultar con Berlín. Se coloca en el grupo de unas veinte personas que se arremolinan en torno a Hitler. No está documentado dónde deja la cartera en ese momento, pero es seguro que el detonador no está activado. Hitler da paso a los informes de los frentes. Normalmente hablaría ahora el jefe del Estado Mayor del ejército, pero se indispuso hace poco. El puesto aún está vacante, y hoy habla un representante. Stauffenberg aprovecha la primera ocasión para salir de la habitación a hablar por teléfono, lo cual no llama la atención. Durante las conferencias militares hay un permanente, aunque discreto, ir y venir.

En la habitación contigua hay dispuestos teléfonos para conversaciones urgentes bajo la vigilancia de un sargento primero. Stauffenberg pide una comunicación con la Bendlerstrasse y en Berlín se pone al aparato el coronel Mertz. La noticia que le da Stauffenberg decepciona a su compañero de lucha. Hablando en clave comunica que Himmler no está presente y pide autorización para llevar a cabo el atentado a pesar de ello. Mertz dice que va a asegurarse y que Stauffenberg debe esperar hasta entonces.

113

A continuación tienen lugar agitadas conversaciones telefónicas entre los conspiradores de Berlín. Al parecer Mertz habla con Olbricht, Beck y otros. Sólo aportan más confusión. Mertz no consigue recibir un «sí» claro. Tras media hora no le queda más remedio que comunicar a Stauffenberg la imprecisa situación.
—Sabes que en última instancia es un asunto entre tú y yo —dice Stauffenberg—. ¿Tú qué dices?
Metz no se lo piensa ni un segundo.
—Hazlo —responde.
Stauffenberg cuelga el auricular, decidido a actuar, y se da cuenta en el mismo instante de que la oportunidad ha pasado. Las puertas de la sala de reuniones se abren sorprendentemente y salen los primeros oficiales. La conferencia de mediodía, que por lo general se alarga mucho, ha acabado ya. Así que tiene que volver a comunicarse por teléfono con la Bendlerstrasse. Su declaración es breve y clara: el plan ha fracasado por hoy. Las medidas del plan Valkyria en curso deben ser interrumpidas lo antes posible. Apenas ha colgado cuando lo llaman para que vuelva a la sala de conferencias. La sesión continúa con la reunión extraordinaria. Stauffenberg se incorpora. El dictador espera el informe de un joven oficial del Estado Mayor comprometido con la causa, y eso es lo que va a recibir.

Al final de la reunión extraordinaria, Hitler pide a Fromm y a Stauffenberg que se acerquen. Les dice en pocas palabras que se les espera en el cercano cuartel general de campaña de Himmler, Hochwald. Ha tomado la firme decisión de traspasar el control sobre las recién movilizadas divisiones al *Reichsführer* de las SS. El propio Himmler les explicará todo lo demás. Éste es un nuevo golpe para el ejército. Stauffenberg apenas puede ocultar su indignación. Fromm, que se encuentra finalmente privado de poder, no deja traslucir nada. Tras cinco minutos, ese encuentro desolador también termina.

Stauffenberg va al aparcamiento, donde le espera el capitán Klausing con el Opel. «Hemos vuelto a no conseguir nada», le dice. Junto al coche encuentra también al general Fellgiebel y a otro de los conspiradores. Acuerdan que Fellgiebel también acuda al cuartel general del Führer durante el siguiente intento para poner en marcha de inmediato el bloqueo de comunicaciones de los conspiradores. Antes de la desagradable reunión con Himmler comen en un confortable tren especial, el centro de mando móvil de Keitel. El tren está parado en la vía que atraviesa los terrenos de la Guarida del Lobo.

Después de comer, el chófer lleva a Fromm y a Stauffenberg al cuartel general de campaña que el *Reichsführer* de las SS ha instalado en Grossgarten. Altos burócratas de las SS toman parte en la reunión, de la que sólo ha llegado un acta: el derrotado Fromm debe aceptar proveer personal y material, pero subordinar la movilización de las nuevas tropas a las Waffen-SS. Stauffenberg tiene miedo sobre todo por las unidades de entrenamiento de los alrededores de Berlín, los pilares más importantes de la Operación Valkyria. Si Himmler se hace con el control de éstas, desaparece la oportunidad de un rápido golpe de Estado, pues a las tropas de la reserva les amenaza ya el agotamiento. La lucha por los últimos hombres del país «aptos para prestar servicio militar», y con ello el derecho a enviar a una muerte sin sentido a miles de personas, ha tomado tintes surrealistas. Si el atentado aún pudiera ser más urgente de lo que lo es ahora, ahora sería ese momento.

En Berlín reina una frenética actividad tras el fracaso de Stauffenberg. Se cancela el plan Valkyria. Desde el principio todo se ha presentado como un ejercicio, pero Olbricht tiene la genial idea de apoyar esa afirmación con una visita a las tropas que «forman parte del ejercicio». Pide que lo lleven a las unidades que fueron alarmadas antes del mediodía y las encuentra listas para entrar en acción. A continuación expresa su reconocimiento a los comandantes y desvela que todo ha sido un simulacro en previsión de una. Finalmente hace que las tropas desfilen una vez más delante de él y anula la orden de alarma. Sólo la brigada de Panzergrenadier de Cottbus, que también ha sido alarmada, prosigue su avance hacia Berlín, donde llegará a primera hora de la mañana. La movilización de ese día ha funcionado de manera eficaz pero, con todo, nadie ha despertado sospechas.

Stauffenberg y Klausing se encuentran la mañana siguiente en Berlín. No han volado de regreso con Fromm en el Junkers, sino que han tomado un tren nocturno. Stauffenberg analiza el intento fallido y aprende la lección. En la próxima intentona esperará hasta que haya comenzado la conferencia militar con Hitler para entrar tarde a la sala con la bomba activada debajo del brazo. Será una decisión exclusivamente suya. Y no tendrá ninguna importancia que estén o no presentes Himmler o incluso Göring. El coronel Mertz, que ha vivido de primera mano la vacilación de los líderes de la resistencia, hace balance de lo sucedido delante de su reciente esposa:

—Cuando sólo valen el valor necesario y la extrema determinación —dice—, uno se ve solo.

También se propone no permitirse ninguna duda en la próxima ocasión.

XV. *GLADIUM A DEO*

BERLÍN,
del 16 al 19 de julio de 1944

Hacia el mediodía del 16 de julio, una tormenta descarga sobre Berlín. Esa tarde, Stauffenberg habla con el coronel general Ludwig Beck, el futuro jefe de Estado, en su vivienda de la Goethestrasse, en Lichterfelde. Se trata de una modesta casa de alquiler en una tranquila calle de las afueras. Beck siempre ha rechazado vivir con la pompa de un alto oficial del Estado Mayor como el que él fue hasta 1938. La conversación entre los dos trata de los atentados fallidos hasta el momento y de lo que han aprendido de ellos. Stauffenberg afirma una vez más su determinación a actuar la próxima vez a cualquier precio. Beck lo celebra, pero no puede ocultar sus dudas por completo. Hablando con un amigo íntimo, Beck le dice que un caballo que ha rehusado el obstáculo dos veces, tampoco saltará la tercera vez.

Más tarde, Stauffenberg habla con su mujer por teléfono. En Bamberg han comenzado las vacaciones de verano. El examen de ingreso para el instituto de humanidades que Berthold tuvo que hacer en un refugio antiaéreo lo ha aprobado como el mejor de su promoción. Los estudios no le suponen una dificultad. El pequeño Franz Ludwig ya está apuntado a la escuela primaria. Nina quiere llevar a los niños dentro de dos días a Lautlingen, a la residencia familiar. Es el ritual habitual de cada verano. En Lautlingen se espera también a la mujer de Berthold y a sus hijos, y todos aguardan con alegría el reencuentro. Stauffenberg le pide a Nina que posponga el viaje por el momento: «Mejor no hacerlo durante estos días», le dice. Pero ¿qué quiere decir con eso? ¿Está preocupado por los ataques aéreos? ¿Ve otros peligros? Stauffenberg no da ninguna explicación. En realidad quiere saber que puede comunicarse con Nina y los niños en Bamberg antes del siguiente intento de atentado. Pero eso no puede saberlo su mujer. Pero como ésta ya ha comprado los billetes, no cambia de decisión: «Lo siento, mi equipaje ya está de camino». Nina Stauffenberg recuerda la conversación como sencilla, aunque no muy armoniosa. Y sin embargo, será la última vez que oiga la voz de su marido.

A las siete de la tarde se reúnen de nuevo bastantes resistentes en la habitación del balcón de los Stauffenberg, en la Tristanstrasse. El primo Caesar von Hofacker ha viajado desde París, y también están allí los miembros de la llamada *Grafenrunde*, el grupo de los condes: Fritz-Dietlof von der Schulenburg, Peter Yorck von Wartenburg, Adam Trott zu Solz y Ulrich Wilhelm Schwerin von Schwanenfeld, además de los coroneles Mertz von Quirnheim y Georg Hansen de la Abwehr, así como Claus y Berthold. Son todos opositores al régimen que hablan claro y ya han mantenido muchas conversaciones: todos están preparados para el día del atentado. Hofacker informa de una reunión con el mariscal de campo Rommel, que ahora comanda el Grupo de Ejércitos B en Francia. Las tropas pueden resistir como máximo catorce días la «estremecedora superioridad» de las tropas de desembarco aliadas. Rommel profetiza tanto eso como que la guerra en el frente occidental acabará en seis semanas. Ante esa situación, ha dejado ver claramente que simpatiza con la resistencia y que está dispuesto, en caso de emergencia, a «abrir» el frente para los ingleses y estadounidenses. Esto es acogido como un signo esperanzador. El popular mariscal de campo, convertido en héroe nacional por el propio Hitler, podría aparecer ante el pueblo alemán y explicar con credibilidad el fracaso del dictador y la situación militar sin salida.

Con la emoción y mucho vino vuelve a debatirse la «solución occidental». ¿No se podría llevar a cabo un armisticio con estadounidenses y británicos, con Rommel a la cabeza, negociando de militares a militares? Entonces todas las tropas de la reserva alemana estarían libres para enfrentarse a los rusos en las «fronteras del Reich» del frente oriental. De nuevo se trata la cuestión de si Hitler debe morir. ¿No bastaría con aislar el cuartel general del Führer y ordenar desde Berlín que las tropas se retirasen? Una vez que todos los efectivos militares hubieran emprendido el regreso, las órdenes serían definitivas y no habría marcha atrás. Ni siquiera un Hitler con vida podría evitar la retirada. Es la llamada *Berliner Lösung*, la solución de Berlín. Pero cuanto más avanza la noche, más claro tienen que solamente puede funcionar la *Zentrale Lösung*, la solución central: la toma del poder en la capital y la muerte del dictador. Y así termina el domingo anterior al golpe de Estado.

El lunes 17 de julio de 1944 es un día lluvioso en Berlín. En la Bendlerstrasse, el general Friedrich Olbricht está citado en el lujoso despacho del coronel general Fromm. Éste exige que le explique qué fue el ejercicio Valkyria del sábado. Y por qué, por Dios santo, no había sido informado antes. Olbricht se disculpa y dice que no volverá a pasar algo así. Con ello se guardan las formas, pero Fromm no duda ni por un momento de cuál ha sido el verdadero objetivo de la acción: Stauffenberg y compañía habían intentado llevar a cabo el atentado. Fromm es consciente de que no pertenece al círculo de los conspiradores que serán avisados en caso de que se produzca el atentado. La conspiración ha escapado a su control. No obstante, no piensa descubrir los planes de sus subordinados, pero percibe muy claramente el peligro que ahora le amenaza a él mismo. Pero sólo lo exterioriza con una suave reprimenda. Critica que el haber movilizado las unidades de blindados podría haber llevado fácilmente a que éstas quedasen desvinculadas completamente del Ejército de Reemplazo, lo que Olbricht admite de inmediato. El asunto parece solucionado.

Probablemente, Fromm decide en ese momento no volver a

volar con Stauffenberg a ningún encuentro con Hitler. Debe llegar incluso a no estar localizable en la medida de lo posible cuando se produzca un nuevo intento de atentado. Fromm prefiere eludir la responsabilidad que se le viene encima irremediablemente, y Stauffenberg lo nota con una claridad cada vez mayor. «Prefiero pegarme diez veces en los morros a mover un solo dedo por Fromm», se le oye renegar en la antesala de Olbricht.

A mediodía de ese mismo día, un importante contacto de los conjurados en las SS escucha una conversación durante la hora de la comida en la Oficina Central de Seguridad del Reich de la Prinz-Albrecht-Strasse. Altos mandos de la Gestapo charlan de la inminente detención de un molesto opositor al régimen. El nombre que se menciona desata la alarma en el círculo de conspiradores. Es Carl Goerdeler. La cabeza política del golpe de Estado se encuentra en esos momentos en Leipzig con su familia, pero se le espera en Berlín a la mañana siguiente. Tras su regreso debe pasar a la clandestinidad de inmediato, está totalmente decidido. Al caer la noche llega una nueva mala noticia: el mariscal de campo Rommel, en quien los resistentes habían depositado sus esperanzas, estará incapacitado durante los próximos meses. A eso de las cuatro de la tarde, su vehículo fue atacado en Francia por un avión inglés, y ahora se encuentra gravemente herido en un hospital.

El martes 18 de julio de 1944, Carl Goerdeler se presenta repentinamente y sin anunciar en la antesala de la Bendlerstrasse. Stauffenberg se pone furioso cuando se le anuncia al visitante. ¿Tiene que venir precisamente al centro de la resistencia el hombre contra el que en cualquier momento se dictará una orden de arresto? Le explica en pocas palabras que un gran peligro lo amenaza y que debe desaparecer de Berlín de inmediato. Pero el testarudo conservador no quiere entenderlo y dar su brazo a torcer. Vuelve a abogar apasionadamente por la «solución occidental» y expresa su deseo de volar a Francia *ipso facto* y atraer a quien ha sustituido al herido Rommel para que abra el frente. Éste no es otro que un viejo conocido, el mariscal de campo Hans Günther von Kluge, cuya volubilidad ya desesperaba a Tresckow en el Grupo de Ejércitos Centro. Sigue manteniendo contacto ocasional con la resistencia, pero nadie apostaría porque vaya a dar la cara en el momento decisivo. Stauffenberg explica a Goerdeler con aspereza que en esos momentos no puede ni plantearse un viaje como ése, que en eso está completamente de acuerdo con el coronel general Beck. De esas palabras, Goerdeler deduce que Stauffenberg quiere aislarlo y anularlo dentro del círculo de los conjurados, pero finalmente cede y le da una dirección donde podrán alertarlo si el golpe de Estado tiene éxito: El hotel Gut Rahnisdorf en Herzberg, en el estado de Brandenburgo. Stauffenberg le hace la promesa de que lo alertarán en cuanto comience el golpe. Sin embargo, Goerdeler sigue sin entender del todo lo seria que es su situación y pasará la noche en Potsdam antes de abandonar la ciudad.

Ese día llegan numerosas malas noticias a la Guarida del Lobo, en Prusia Oriental. Casi dos mil bombarderos aliados atacan la fortaleza de Caen en Normandía, donde los defensores alemanes se enfrentan desesperados a las tropas de desembarco. Los atacantes logran penetrar en la ciudad por el lado este a lo largo de la tarde. Sólo entonces permite Hitler la intervención de la 116.ª Panzerdivision, admitiendo así por primera vez que se ha equivocado. El segundo desembarco de los ingleses y estadounidenses en Calais ya no tendrá lugar. En Italia cae Livorno. En el frente oriental, la situación del Grupo de Ejércitos de Ucrania del norte se vuelve cada vez más crítica, el 13 Korps está a punto de verse copado. Los reclutas de Prusia Oriental deben ser trasladados allí con urgencia. Hitler ordena la movilización inmediata de dos divisiones compuestas por antiguas promociones del Landwehr. Y para ello vuelve a necesitarse a Fromm y a Stauffenberg. Ambos deben comparecer en una reunión extraordinaria dentro de dos días.

El teléfono suena por la tarde en la Bendlerstrasse. Es una llamada de la Guarida del Lobo. Así se fija la siguiente fecha para el atentado. A eso de las cinco de la tarde, la noticia se extiende entre los miembros de la resistencia: el día decisivo es ahora el 20 de julio.

De nuevo comienzan los preparativos, se avisa a los familiares con cautela y se debaten las últimas medidas en caso de fracaso. El conde Schulenburg viaja al campo esa misma tarde para celebrar el cumpleaños de su mujer, que en realidad no es hasta el mismo 20 de julio. Le explica que ese día no estará disponible.

Claus von Stauffenberg no logra contactar con sus seres queridos. En la casa solariega hay un teléfono, el primero de todo el valle, pero las comunicaciones de Alemania apenas funcionan durante esas semanas. Posiblemente también tiene que ver con el bombardeo sobre la vecina Ebingen: el 11 de julio, cientos de bombarderos estadounidenses regresaban de Múnich sobrevolando el Jura de Suabia, y los últimos aviones de la escuadrilla bombardearon la localidad. Casi 300 bombas explosivas asolaron el lugar, dejando 61 muertos y 209 heridos. De este modo, Nina von Stauffenberg, que ha llegado a Lautlingen con sus hijos, sólo puede enviar una carta a Berlín para informar de que están sanos y salvos. En cambio, Claus llama a Bamberg y habla con la madre de Nina, la anciana baronesa Lerchenfeld. Ésta le cuenta que Nina y los niños se han marchado como estaba previsto.

El 19 de julio de 1944, miércoles, está ocupado despachando las tareas administrativas normales. Stauffenberg y Werner von Haeften, su ayudante, reciben a las diez a un comandante de los granaderos acorazados que han mandado llamar desde Cottbus. El comandante informa del ejercicio Valkyria de la semana anterior, en cuyo transcurso su grupo llegó hasta Lichtenrade. El equipo y la moral de sus ocho mil hombres son buenos, lo cual es una grata noticia para el decisivo día de mañana.

La alarma antiaérea suena varias veces en Berlín a lo largo del día. Un oficial de Prusia Oriental con quien Stauffenberg debe hablar sobre medidas de protección interior entra en la Bendlerstrasse cerca de las dos del mediodía, pasa al patio interior y sube la roja escalinata de mármol de la entrada principal. En ese mismo momento suena la alarma y la mitad del Estado Mayor se cruza con él en su camino al refugio. Sin embargo, Stauffenberg sigue trabajando en el segundo piso y recibe al visitante vestido con su chaqueta clara, la misma que llevan casi todos los oficiales de la Bendlerstrasse en esos días de tanto calor. A continuación, el visitante toma parte en una reunión con casi treinta oficiales dirigida por Stauffenberg de forma calmada y eficiente. Llama al orden a los jóvenes oficiales que están de demasiado de buen humor, y en unas dos horas finaliza un largo orden del día. Cuando finalmente Stauffenberg despide al visitante, el cual vuelve a las amenazadas provincias del frente oriental, lo anima y le extiende la mano: «Quizá salga todo muy distinto a como pensamos», le dice con una sonrisa que lo dice todo. Por improbable que parezca, emana tranquilidad y una calma absoluta.

A dos habitaciones de distancia, el coronel general Fromm intenta eludir la reunión del día siguiente. La llamada de la Guarida del Lobo que ha recibido el día anterior la evitó en el acto haciendo alusión a asuntos urgentes que debía resolver en Berlín y diciendo que el capaz Stauffenberg podría arreglárselas solo. Lleva todo el día intentando lograr una cita con el ministro de Armamento, Speer, que le proporcione una coartada. Pero Speer no tiene tiempo. Finalmente acuerda con su hija que recogerá a su nieto por la tarde del 20 de julio en Prusia Occidental y que lo llevará a su casita del Lebersee. Para ello tendrá que conducir casi 100 kilómetros y estará ilocalizable durante varias horas. Una excursión privada muy inhabitual en mitad de una semana laboral, pero para alguien que no sabe por qué lado decantarse, posiblemente sea un plan brillante.

A eso de las cuatro de la tarde comienza a llover. El chófer de Stauffenberg, el cabo Karl Schweizer, recoge de nuevo en Potsdam la cartera de color marrón claro que ya conoce de sobra. Se la da un teniente coronel que es quien la ha guardado durante los últimos días. Schweizer la lleva a la villa de la Tristanstrasse y la coloca junto a su cama. Entonces le puede la curiosidad y mira en su interior. Sin embargo, no ve nada aparte de dos paquetes firmemente atados y algo pesados.

Al acabar el trabajo, Stauffenberg visita a un amigo y compañero de conspiración que trabaja en el ministro de Asuntos Exteriores hasta casi las nueve de la noche. Después hace que lo recoja Schweizer, su chófer. Se dirige a casa, a la Tristanstrasse. Por el camino, Stauffenberg pide al conductor que se detenga en una iglesia. A día de hoy no es seguro de qué iglesia se trataba. Schweizer dijo tras el final de la guerra que tenía que haber sido en Dahlem. A mediados de los años sesenta se corregía. Más bien habían ido hacia Steglitz. Si se parte de la base de que el católico Stauffenberg buscaba una iglesia católica, y lo contrario sería difícil de imaginar, la contradicción puede llegar a resolverse: la Rosenkranz-Basilika de la calle Kieler está en la frontera entre Dahlem y Steglitz, y es la única iglesia católica de la zona, todas las demás son protestantes. Además, junto a la basílica pasa la antigua Reichsstrasse 1, la vía más rápida hacia el sudoeste de Berlín y el camino de regreso a su casa más obvio. Hay que añadir que la basílica no sufrió ningún daño en el verano de 1944 y que ofrecía asilo a muchos católicos de todo Berlín.

Así que no es completamente imposible que el conde Claus von Stauffenberg se encontrase la tarde del 19 de julio delante del impresionante edificio, construido en 1900 en ladrillo, según el modelo de las iglesias bizantinas y al estilo del romanticismo tardío. Schweizer recuerda que se estaba celebrando el oficio de vísperas. Stauffenberg entró y permaneció en la nave trasera de la iglesia.

Entre los motivos que llevaron a Stauffenberg a atentar contra Hitler no hay que subestimar su fe católica. Es cierto que, según cuenta su hermano, acudía muy de vez en cuando a los servicios religiosos y que nunca se confesaba, pero sí que contó una vez a un coronel que ante las grandes decisiones contaba con el apoyo de un sacerdote. Hay registrado un encuentro a comienzos de 1944 con el obispo católico de Berlín, el conde y cardenal

Conrad Preysing. Éste escribió más tarde a la madre de Stauffenberg que en aquella ocasión no se habló directamente de planes de atentados y cosas similares, sino, en líneas generales, de la necesidad de un cambio radical en el que se entreveía la cuestión de la muerte del tirano. El cardenal recuerda que no podía otorgarle la bendición de la Iglesia, pero que le dio a Stauffenberg su propia bendición sacerdotal.

Stauffenberg está de acuerdo con su hermano y con otros conjurados en que el cristianismo debía ser una «fuerza espiritual fundamental del futuro». Sus esperanzas de una Alemania mejor eran también las esperanzas de un regreso a la religión, y es de la fe de donde sacaba fuerzas para dar su último y decisivo paso en su acción. En 1943 le dijo a un mayor del regimiento de caballería de Bamberg que el juramento de los soldados, el cual «en sí mismo hay que considerar sagrado», en el caso de Hitler no es válido, al contrario. «Un católico está precisamente obligado a actuar contra ese juramento.» Al joven Axel von dem Bussche, a quien ese mismo año quiso captar y encargarle ser el ejecutor del atentado, le dijo: «Por supuesto que nosotros, los católicos, tenemos una postura distinta, porque en la Iglesia católica hay una especie de acuerdo implícito que puede justificar un atentado político en condiciones concretas. En eso la doctrina evangélica es más estricta, pero también Lutero permitió el uso último de la violencia en una situación extrema».

Stauffenberg permanece un tiempo en la iglesia. Quizá se queda mirando la placa de mármol con los caídos de la parroquia en la primera guerra mundial que cuelga tras la entrada, justo a la izquierda. Y posiblemente observa también la imagen votiva de la Virgen del Rosario, que da su nombre a la iglesia, con santo Domingo. La imagen lleva una inscripción del Antiguo Testamento, del segundo Libro de los Macabeos: «*Accipe Sanctum Gladium A Deo*, recibe esta espada sagrada como regalo de Dios».

Claus von Stauffenberg pasa el resto de la tarde con su hermano Berthold y con Schweizer, el chófer, en la Tristanstrasse. Deja mirar a su hermano una vez más en la cartera de color marrón, pero éste ve sólo la camisa blanca bajo la que están escondidos los paquetes explosivos. Por lo demás, no se conoce nada de lo que ocurrió esa tarde. Sin embargo, se puede deducir la disposición anímica de Stauffenberg a partir de una serie de citas que se han transmitido. «Es hora de que se haga algo ahora», dice pocos días antes del ataque a una mujer de un antiguo compañero del regimiento de Bamberg. «Aquel que se atreva a hacer algo debe ser consciente de que entrará en la historia alemana como un traidor. Pero si no hace nada, entonces sería un traidor ante su propia conciencia.» A la secretaria de Olbricht le dice: «Ahora ya no se trata del Führer ni de la patria, ni de mi mujer y mis cuatro hijos. Ahora se trata de todo el pueblo alemán».

El conde von Stauffenberg no se hace ilusiones acerca de lo desagradecido del destino que le espera incluso en caso de éxito. «Acabe como acabe, tanto si tiene éxito como si fracasa, estamos en cualquier caso en primera línea para recibir la mierda», afirmó a su primo Hans-Christoph. Y a otro conjurado le dijo: «Si soy yo quien tiene ya la responsabilidad principal, no quiero exigirle a nadie que haga el trabajo sucio».

XVI. VALKYRIA

Guarida del Lobo, Prusia Oriental,
20 de julio de 1944

E l 20 de julio de 1944 promete ser un día de mucho bochorno. Claus von Stauffenberg, su hermano Berthold y su chófer, Schweizer, salen a eso de las siete de la Tristanstrasse. Schweizer lleva la cartera. El camino al aeródromo de Rangsdorf lleva junto al terraplén del ferrocarril, en dirección a Potsdam, por delante de una vasta y cercada «Instalación de pruebas para armas de fuego» y por Stahnsdorfer Damm hacia el campo. Junto al municipio de Kleinmachnow, pasan por las compuertas del canal de Teltow, con sus merenderos, después por los pueblos e interminables arboledas de Potsdam-Mittelmark, en dirección sur a través de Malow, Glasow y Dahlewitz. Se ven varios pasos a nivel con guardabarreras, las vías de las líneas férreas de Frankfurt-Múnich y Leipzig-Dresden atraviesan la carretera. El pequeño aeródromo militar se encuentra en Zossen, bastante retirado pero muy adecuado para los miembros del Estado Mayor.

Cuando Schweizer y los hermanos Stauffenberg llegan a Rangsdorf, ya espera allí su ayudante, el teniente von Haeften. Aún hay neblina, por lo que el vuelo se retrasa. Allí se encuentran, dormidos, el balneario y el casino. Antes de la guerra, éste era un lugar de encuentro de pilotos aficionados. Estrellas de cine como Heinz Rühmann aterrizaban aquí con sus aviones privados. Ahora sólo despegan escuadrillas médicas o de transporte, y al lado están en las instalaciones del fabricante de aviones Bücker.

Stauffenberg toma el avión correo, nuevamente un Junkers Ju-52. Se despide de su hermano sin que a los presentes les llame nada la atención. Sólo alguien que formara parte de la conspiración podría ver quizá una extraña intensidad en el apretón de manos, el mudo deseo de que esta vez puedan tener éxito. Haeften indica a Schweizer que se quede cerca del aeródromo hasta que Stauffenberg regrese por la tarde. Después suben al avión. Schweizer coloca la cartera junto al asiento de su jefe, al lado del cual Haeften ha dejado una segunda cartera con documentos. Cuando el Junkers despega, Berthold se pone en camino y conduce hasta su lugar de trabajo en el cuartel general de la *Seekriegsleitung*, la dirección de Guerra Naval en el campamento cercano a Bernau llamado en clave Koralle.

El avión correo aterriza a las diez y cuarto en Prusia Oriental. El comandante del cuartel general del Führer, como de costumbre, ha enviado un coche para que recoja a Stauffenberg. Esta vez se trata de un Horch de ocho cilindros descapotable. El conductor es un alférez. Stauffenberg, Haeften y un general de división que ha viajado con ellos recorren los ya familiares seis kilómetros hasta el casino del perímetro de seguridad II. Al igual que la semana anterior, allí se sirve un desayuno que esta vez tiene lugar bajo el gran roble de delante del balneario. Stauffenberg se cita con los comandantes del cuartel general para comer a mediodía, en lo que parece una tapadera, ya que sabe muy bien que tendrá que huir de la Guarida del Lobo antes. Además conversa con un capitán de caballería llamado Möllendorf, a quien ya conoce de la última visita. Los acontecimientos del día volverán a reunirlos una vez más.

En esos momentos aún no sucede nada en Berlín. El plan Valkyria puesto en práctica hace cinco días ha llamado demasiado la atención y los resistentes no pueden permitirse una segunda falsa alarma. Además, el coronel general Fromm se ha quedado en Berlín, por lo que Olbricht, el organizador, no puede actuar con total libertad. Esta vez todo comenzará cuando llegue la noticia de la muerte de Hitler.

La reunión con Keitel comienza a las once. Como de costumbre, en el perímetro de seguridad I, en el barracón del Estado Mayor de la Wehrmacht. En esta ocasión ha acudido un general de la cercana Königsberg para hablar de las nuevas compañías que deben evitar que el Ejército Rojo penetre en Prusia Oriental.

En estos momentos aparece en la Guarida del Lobo el general responsable de las comunicaciones, con sus características gafas negras de carey y su expresión sarcástica: Erich Fellgiebel. Se presenta ante un teniente coronel llamado Sander, responsable del servicio de comunicaciones del cuartel general, a quien no da ningún motivo para su visita. Es algo poco habitual para el ocupado oficial, cuyo despacho se encuentra en el complejo Mauerwald, a veinte kilómetros de distancia. El teniente coronel Sander encuentra el asunto un tanto misterioso. No puede saber que Fellgiebel espera hoy también al atentado.

Para empezar, Fellgiebel habla por teléfono con su propia oficina y da la orden de alerta a las centrales de comunicaciones más importantes, las oficinas Anna, en Mauerwald, y Zeppelin, en Zossen, junto a Berlín. Allí hay oficiales a quien ha captado desde hace mucho tiempo. La siguiente llamada de Fellgiebel hará que queden bloqueadas todas las comunicaciones con la Guarida del Lobo. A continuación quiere localizar a Stauffenberg y asegurarse de que el atentado sigue adelante. Supone que estará con Keitel y pide que le comuniquen con su barracón.

Stauffenberg está efectivamente con Keitel, ya empezada la reunión. Se produce algo de agitación cuando Keitel recibe una llamada del ayudante de Hitler y éste le dice que la conferencia militar se ha adelantado media hora. La llegada a Alemania del derrocado Benito Mussolini ha sido anunciada desde Italia para después del mediodía y Hitler quiere estar en la estación puntual para recibirlo. El dictador fascista, derrocado hace un año, detenido tras la capitulación de Italia y liberado de manera espectacular por paracaidistas alemanes, quiere hablar sobre cuatro hipotéticas divisiones italianas. Pero Hitler ha rechazado el plan hace tiempo. Después se anuncia que los miembros del alto mando del ejército ya están allí, lo que obliga a Keitel a apresurarse aún más.

Stauffenberg sabe desde la semana anterior que este momento es su única oportunidad. Solamente los minutos anteriores al encuentro con Hitler le ofrecen la posibilidad de activar el detonador y, con él, la bomba. Así que pregunta dónde puede cambiarse de camisa antes de la reunión con el Führer. El ayudante de Keitel lo lleva junto con Haeften, que ha estado esperando en el pasillo, a un dormitorio cercano. Allí Haeften ayudará a cambiarse al impedido Stauffenberg. Cierran la puerta, la cual se abre hacia dentro. Stauffenberg se coloca con la espalda contra ella para protegerse contra intrusos inesperados. En esta ocasión deben lograrlo.

La pequeña habitación está ocupada por una cama sobre la que Haeften está sacando la bomba. Ahí están los explosivos. En cada uno hay no sólo un detonador inglés, sino dos. Además de dos mechas de veinte gramos. Esta precaución múltiple muestra que los conjurados han aprendido de sus intentos fallidos. Ya no se producirá un fallo como el ocurrido en el avión de Hitler. Con los tres dedos que le quedan en su mano izquierda, Stauffenberg emplea los alicates doblados para juntar los extremos de los detonadores. Las ampollas de ácido de su interior se rompen. Meten el explosivo en la cartera. La primera carga está lista. Unos anillos de colores en los detonadores muestran el tiempo estándar hasta la explosión: treinta minutos. Aunque quizá el calor del verano lo reduzca a catorce minutos, como bien saben los conjurados por sus ensayos.

En ese momento llaman a la puerta. Stauffenberg y Haeften se quedan petrificados, y un instante después se abre la puerta. O al menos se abre hasta la mitad, pues choca contra la espalda de Stauffenberg. Fuera hay un joven sargento mayor enviado por Keitel para que se apresuren: Todos esperan ya delante del barracón. El mensajero dice que además hay una llamada para Stauffenberg: el general Fellgiebel. Por la rendija de la puerta, el sargento mayor ve que Stauffenberg y Haeften están manipulando una cartera y que hay papeles diseminados encima de la cama. Pero no sospecha nada. Stauffenberg dice que saldrá de inmediato y el sargento mayor se queda delante de la puerta.

Stauffenberg y Haeften respiran hondo, tienen los nervios a flor de piel. El tiempo corre y el ácido realiza su silencioso trabajo en el detonador. Como Stauffenberg sabe, el barracón de las conferencias está a cuatrocientos metros de su posición actual. El primer explosivo está activado. Eso debería bastar. Indica a Haeften que vuelva a llevarse consigo el segundo bulto, que recoja todo y que espere en el aparcamiento, con el conductor y el coche. Después coge la cartera con la bomba y sale de la habitación. Haeften se queda allí con un kilo de explosivo en la mano. ¿No habría tenido que meter ese explosivo en la cartera de Stauffenberg sin más, junto al otro? ¿La detonación del primer paquete no habría hecho explotar al otro? Habría habido sitio para los dos, estaba medido con precisión. En la agitación del momento ha ocurrido un fallo totalmente evidente. Un fallo que puede cambiarlo todo.

A Stauffenberg lo esperan con impaciencia delante del barracón. Ha vuelto a recuperar la calma. Los oficiales se ponen en camino. A pesar de las prisas, el conde no está nervioso y va charlando animadamente con uno de los generales. Rechaza varios ofrecimientos para que le lleven la cartera. Pasan los guardias del recinto de seguridad del Führer. Todo marcha sin ningún problema. Poco antes del barracón de las conferencias, Stauffenberg entrega la pesada cartera al ayudante de Keitel. «¿Podría colocarme lo más cerca posible del Führer? —le pide—. Así podré hacer mejor mi intervención.» Sabe que la cartera debe estar cerca del dictador. El tiempo transcurre inexorable. El ayudante promete hacer lo que pueda. Cuando Stauffenberg entra en la antesala del barracón de conferencias, comprueba que la reunión ya ha empezado. Debe de haber comenzado a las doce y media en punto. Es perfecto: Hitler se encuenta allí. Ya no puede haber vacilaciones, así que Stauffenberg cuelga rápidamente su cinturón de soldado y su gorra en el guardarropa.

En el interior de la sala reina un bochorno asfixiante a pesar de las ventanas abiertas. Tiene la palabra el representante del jefe del Estado Mayor, quien se encuentra enfermo, el teniente general Adolf Heusinger Más tarde reproducirá con bastante exactitud lo que se dijo en esos minutos. Hitler pregunta y el teniente general contesta.
—¿Hay alguna novedad en el frente rumano?
—Exceptuando algunas escaramuzas puntuales, el frente está tranquilo.
—¿Se sabe dónde se han quedado los blindados rusos?
—Desde hace algún tiempo ya no aparecen localizados en la telefoto. Puede ser que permanezcan en sus antiguas posiciones. También es posible que ya se hayan puesto en marcha en dirección a Lemberg. Aún no han aparecido en esa parte del frente.
—¿El reconocimiento aéreo ha descubierto algo?
—Por desgracia no. La creciente actividad antiaérea rusa sólo permite que nuestros pocos aviones de reconocimiento penetren muy rara vez sus defensas.
La tensión se palpa en el aire. Una serie de malas noticias puede causar en Hitler estallidos de ira acompañados de terribles insultos. Pero ahora no explota:
—¡Sigamos!
—¿Cuál es la situación al este de Lemberg?
—La situación empeora cada vez más. Prácticamente ya no puede evitarse que se unan las dos cuñas de ataque rusas. Nuestras reservas están agotadas. Debemos prestar ayuda con rapidez al Gobierno General.

En ese momento entran en la sala Stauffenberg, el ayudante de Keitel y otro general que se ha retrasado. Stauffenberg echa un vistazo a las caras de los presentes: Himmler y Göring vuelven a estar ausentes, pero eso ya no es determinante. Hitler está dando la espalda a la puerta y tiene el cuerpo inclinado sobre la pesada mesa con los mapas. Lleva unas gafas de montura dorada, sin las cuales no puede estudiar los movimientos del frente con precisión. Los demás son los participantes habituales, a quienes Stauffenberg ya conoce de otras conferencias militares. Algo más de veinte personas, si bien el número varía por el continuo ir y venir.

Keitel repara en el recién llegado y se lo anuncia a Hitler. Stauffenberg saluda. Hitler lo mira fijamente sin decir palabra y le extiende la mano, después vuelve a girarse para atender al informe de Heusinger. El ayudante pide a un contraalmirante que se encuentra a la derecha de Hitler que deje su sitio al impedido Stauffenberg y coloca en el suelo la cartera con el explosivo. El contraalmirante se cambia al otro lado de la mesa. Puesto que están tratando la movilización de tropas en la ocupada Polonia, que en el lenguaje del nacionalsocialismo recibe el nombre de Gobierno General, Keitel realiza una propuesta.

—Mi Führer, quizá Stauffenberg podría dar su informe ahora mismo.

—No. Primero quiero oír los informes de los demás frentes. Después, al final, hablaremos de eso —dice Hitler.

Stauffenberg respira hondo. Eso acaba de salirle bien. Si hubiera tenido que hablar de inmediato, habría sido impensable salir de la habitación sin más. De golpe se habría encontrado con que el magnicidio se hubiera convertido en un atentado suicida. Ahora se inclina con decisión hacia la enorme mesa de mapas para empujar la cartera lo más cerca posible de Hitler. Sólo llega hasta la esquina derecha. La posición no es perfecta. Entre Hitler y la bomba está la gruesa pata de la mesa, pero no puede hacerse mejor.

El hombre que más molesta a Stauffenberg es un viejo conocido: el coronel Brandt y su rostro de caballero de rasgos afilados. El mismo Brandt que hace trece meses posibilitó el primer intento de la Operación Valkyria, cuando subió sin saberlo la «bomba Cointreau» al avión de Hitler y luego la guardó hasta la mañana siguiente. El destino parece colocarlo en primera fila siempre que va a detonar una bomba cerca de Hitler. No sobrevivirá al atentado.

Stauffenberg murmura algo, indica a Brandt que tiene que dejar la cartera un momento y que volverá enseguida y se echa para atrás, en dirección a la puerta. Hace un signo al ayudante de Keitel para que lo acompañe al pasillo. Allí Stauffenberg le explica que debe realizar una llamada rápida y pide que le comuniquen con el general Fellgiebel. El telefonista de la antesala, un sargento primero, marca el número. También tiene un mensaje para Stauffenberg: ha llegado una llamada con el mensaje de que el coronel debe presentarse de inmediato tras la reunión ante el oficial de comunicaciones, en el edificio de los ayudantes personales. Stauffenberg interpreta esto como signo de que Fellgiebel lo espera allí. Asiente y coge el teléfono para que le comuniquen con él. El ayudante regresa a la sala de conferencias. En cuanto desaparece dentro, Stauffenberg suelta el auricular sin haber hablado nada y sale del barracón de conferencias a paso rápido. El sargento primero se da cuenta de que se ha dejado el cinturón y la gorra en el guardarropa.

En el interior del barracón continúa hablando el representante del jefe del Estado Mayor. Sigue dando malas noticias.
—El propósito del Grupo de Ejércitos de limpiar las zonas de invasión sur y norte al este de Lemberg puede considerarse como fracasado. El 13 *Korps* va a quedar atrapado.
Hitler no puede seguir oyendo más.
—Las fuerzas del Gobierno General volverán a abrirse paso.
—Esas fuerzas no son apropiadas para un ataque. Sólo podrán intervenir como una línea de amortiguación en el San.
—Eso ya lo veremos. ¿Cuál es la situación en el Grupo de Ejércitos Centro?
—En la parte sur del Grupo la llegada de refuerzos ha dado resultado. Los rusos se encuentran con una creciente resistencia y ahora sólo avanzan titubeantes. Quizá consigamos detenerlos en la frontera polaca.
—¡Eso debe ocurrir a toda costa! Cuando hayamos restablecido el orden allí, también acabaremos con la ofensiva en Lemberg.
Como viene siendo habitual, Hitler se muestra alejado de la realidad e incorregiblemente obcecado. Después vuelve a ha-

blarse del tema del que debe informar Stauffenberg. Y entonces se dan cuenta de que no está allí, lo cual es incómodo, especialmente para Keitel. ¿Dónde se esconde su brillante hombre? Uno de los generales sale al pasillo para buscarlo y regresa enfadado. A los pies de la mesa, el ácido casi ha corroído ya el finísimo alambre que sujeta el percutor.

Entretanto, Stauffenberg ha pasado el puesto de guardia del recinto de seguridad del Führer y alcanzado el despacho del oficial de comunicaciones Sander. Delante de éste se encuentra su Horch con su chófer. Todo está dispuesto. En el despacho de Sander esperan también Haeften y el general Fellgiebel, al que Stauffenberg saluda aliviado. El general acaba de transmitir la orden de cortar el sistema de comunicaciones a un coronel que forma parte de la conspiración en la instalación de Mauerwald. Es una señal de que el atentado va a tener lugar. Tras recibirlo se pondrán en marcha todas las medidas para el bloqueo de las comunicaciones. Fellgiebel y Stauffenberg salen a la puerta, seguidos por Sander, hablando de trivialidades poco sospechosas. Stauffenberg mira expectante su reloj. Es la una menos cuarto.

En el barracón de conferencias, la reunión continúa. En el interior hay ahora veinticuatro personas. Hitler está diciendo que los rusos nunca pondrán un pie en Prusia Oriental, «eso me lo garantizan Model y Koch.»

—Harán todo lo posible —responde el jefe del Operationsabteilung—. Quizá en este momento no sea Prusia Oriental su objetivo. Quizá primero quiere aniquilar al Grupo de Ejércitos Norte. El peligro que les amenaza a ellos se hace cada vez mayor.

Para estudiar la posición del Grupo de Ejércitos Norte, Hitler y el general que está informando deben inclinarse mucho sobre la mesa. Sus cuerpos están tocando el pesado tablero de madera de roble.

—Eso aún tiene que pasar —resopla Hitler—. No ha hecho

nada para proteger su flanco derecho mediante un ataque hacia el sur.

—Los rusos están rodeando el Daugava por la parte oeste, en dirección norte, con grandes fuerzas. Su vanguardia ya está al sudoeste de Daugavpils, en Letonia. Si el Grupo de Ejércitos del lago Peipus no regresa de una vez, estaremos ante una catástrofe...

En ese momento, una poderosa explosión sacude el barracón.

En el exterior, Stauffenberg se estremece. Fellgiebel pone una expresión de asombro poco convincente. Ninguno de los dos puede distinguir nada, pues no tienen una visión directa del barracón de conferencias.

En el interior, el tablero de la mesa es lanzado hacia arriba junto con Hitler, que se encontraba inclinado sobre él. Se parte por la mitad y cae al suelo en pedazos. Se elevan llamaradas y el plano de situación vuela ardiendo por el aire. Los cabellos se prenden fuego, llueven esquirlas de cristal, las personas se estrellan contra el suelo o contra la pared.

En medio del caos, la primera voz que se oye es la de Keitel:

—¿Dónde está el Führer?

El teniente coronel Sander, que se encuentra fuera con Stauffenberg y Fellgiebel, parece no haberse impresionado. Probablemente haya sido un animal salvaje que ha volado por los aires en el cinturón exterior debido a una mina. Es algo que pasa continuamente. Stauffenberg se despide con rapidez y dice que va a ir a la Kommandantur. Intercambia una mirada con el general Fellgiebel. Ambos saben lo que hay que hacer ahora y cuántas cosas dependen de los minutos siguientes. Stauffenberg se sube al Horch en el asiento de delante, junto al conductor, y Haeften detrás. Antes de arrancar, el conductor dice que Stauffenberg ha olvidado su gorra y su cinturón. Stauffenberg le replica con aspereza que se ocupe de sus propios asuntos.

El camino a través de la Guarida del Lobo lleva directamente al lugar de la explosión. Al pasar por delante, Stauffenberg y Haeften ven que se eleva una gran nube de humo. El barracón de conferencias está gravemente dañado. Hay papeles calcinados revoloteando por el aire y los sanitarios se apresuran al lugar. No se ve a Hitler. Pero no tienen tiempo para quedarse a buscarlo.

En el interior del barracón de conferencias, los oficiales y estenógrafos van recobrando la conciencia poco a poco. Se incorporan y se arrastran hasta el exterior con su uniformes destrozados. Dos de ellos han perdido las piernas, uno ha sido atravesado por un trozo de madera. Los tapices cuelgan hechos jirones de la pared, los marcos de las ventanas están destrozados, las cortinas arrancadas, hay esquirlas de vidrio por todas partes, las sillas están hechas astillas. Donde se encontraba la cartera hay ahora un profundo agujero en el suelo.

Hitler copa la atención. Sujetado por Keitel y otros asistentes, se tambalea en dirección a su búnker con la ropa chamuscada. Sus pantalones cuelgan a tiras de sus piernas y tiene los tímpanos reventados. En el codo derecho ha sufrido un hematoma, la piel del dorso de la mano izquierda está escoriada, el vello de las piernas quemado y tiene cientos de astillas de madera clavadas en el cuerpo. Pero no está muerto, ni tan siquiera gravemente herido. La ausencia del segundo explosivo lo ha salvado. A pesar de los tímpanos reventados, puede oír con relativa normalidad.

Cuando Stauffenberg y Haeften llegan al puesto de guardia que cierra el recinto de seguridad II, el alférez responsable ya está en alerta. Si bien sólo ha oído la explosión y aún no ha recibido información alguna, mantiene la barrera bajada y pide explicaciones. Stauffenberg responde con gran decisión que debe llegar al aeródromo de inmediato, y tras un corto intercambio de palabras, le permiten pasar.

En ese momento llega un mensajero al despacho del oficial de comunicaciones. Se requiere a Sander en el búnker de comunicaciones, que se encuentra justo enfrente del búnker de invitados de Hitler. Se pone en camino a paso ligero y Fellgiebel lo sigue. En el búnker se encuentran con un ayudante cubierto de sangre pero al parecer capaz de trabajar, un coronel de la Luftwaffe.

—Ha habido un atentado contra el Führer —exclama—, pero sigue con vida. ¡Nada debe salir de aquí! Pida personalmente al *Reichsmarschall* y al *Reichsführer SS* que comparezcan ante el Führer.

Fellgiebel se queda petrificado durante un instante. ¿Es posible que Hitler haya sobrevivido? ¿De nuevo? Mientras Fellgiebel es incapaz de hacer nada, Sander ordena retirar todos los conectores de la central telefónica para cortar así todas las conversaciones en curso. A continuación, el personal de comunicaciones debe retirar sus sillas a un metro de las mesas y nadie puede acercarse a los aparatos. Sander sólo deja que se establezca una conexión para él: primero con Himmler, y después con Göring. A ambos les da la indicación de acudir de inmediato a la Guarida del Lobo.

Fellgiebel ve que el plan de los conjurados de aislar la Guarida del Lobo del mundo exterior se está poniendo en práctica en ese mismo instante sin que tenga que intervenir. Ahora tiene que lograr que le aclaren el estado de Hitler. Así que sale al exterior para observar la situación del recinto de seguridad del Führer con sus propios ojos. Escudriña entre los árboles y lo ve: en carne y hueso, con unos pantalones recién puestos y una nueva guerrera y aparentemente casi indemne. Camina de un lado a otro por delante del búnker y habla con sus acompañantes.

Hitler ha ordenado que registren su búnker en busca de más bombas. Por el momento se siente más seguro al aire libre. La primera sospecha ha recaído sobre los numerosos obreros que están reforzando los búnkeres de la Guarida del Lobo. Ya han sido puestos bajo vigilancia. Los médicos también han examinado al dictador y le han puesto algunos vendajes. Está fuera de sí, pero también muestra alivio frente a su ayudante, un *Untersturmführer* de las SS. No deja de repetir que sabía desde hacía mucho tiempo que había traidores en su entorno cercano. Y que ahora va a «descubrir» la conspiración entera. Además, habla con tristeza de sus pantalones y subraya que eran completamente nuevos.

El general Fellgiebel lo sigue todo de cerca y no puede entenderlo. Incluso ha llamado la atención de Hitler y éste lo mira fijamente. En ese momento llega el oficial de comunicaciones Sander y se lleva a Fellgiebel. El teniente coronel tiene órdenes estrictas de evitar cualquier encuentro entre el Führer y su impredecible y crítico general.

Fellgiebel se encuentra en ese momento ante una decisión crucial: ¿Qué noticia debe transmitir al mundo exterior? Solamente la muerte de Hitler puede garantizar el éxito de la conspiración y hacer que se tambalee la fe de los alemanes en el Führer. ¿Y si da una noticia falsa? Si fuera posible aislar al dictador y hacer creer al pueblo durante medio día que ha volado por los aires, ¿no daría entonces igual si está vivo o muerto? ¿No podrían darse pasos para los que no habría marcha atrás cuando saliera a la luz la verdad?

Debe intentar esta última estrategia. Tampoco hay otra alternativa, y sobre todo tampoco hay marcha atrás. O los conspiradores, y entre ellos el propio Fellgiebel, han de obtener el poder en Alemania antes de la noche y neutralizar a los nacionalsocialistas más importantes, o conocerán las torturas en los sótanos de la Gestapo, falsos juicios ante el Volksgerichtshof, el Tribunal Popular, y acabarán en la horca.

Pero si, de todas formas, nadie tiene alternativa, ¿por qué iba Fellgiebel a lastrar a sus compañeros con la información de que Hitler ha sobrevivido? Quien crea muerto al dictador podrá llevar a cabo el plan Valkyria sin ningún problema. Pero quien sepa la verdad necesitará una enorme determinación para hacerlo. Y después tendría que aferrarse con firmeza a una mentira ante sus subordinados.

Tras esta reflexión, Fellgiebel decide comunicar la verdad a sus aliados en Berlín. Todos los conjurados están coqueteando con la muerte desde hace meses e incluso años. El respeto le exige que puedan actuar siendo plenamente conscientes de las consecuencias. Cada uno de los resistentes tiene ahora tres posibilidades. En primer lugar ocultar, tapar lo que saben, marcharse y luchar del lado del régimen. En segundo lugar, desalentarse y someterse sin hacer nada. Y en tercer lugar, movilizar de nuevo a todas las fuerzas para completar el plan. Cada implicado en la Operación Valkyria tendrá que tomar su propia decisión.

A pesar del bloqueo de las comunicaciones, Fellgiebel pide una conexión extraordinaria con Berlín. Su interlocutor es el teniente general Thiele, de la Bendlerstrasse, el responsable de las comunicaciones en el centro de la conspiración. Fellgiebel sólo puede llamarlo a él sin despertar las sospechas de los presentes en el búnker de comunicaciones. Ésta es la única llamada que se corresponde con la cadena de mando habitual del cuerpo de comunicaciones. Primero habla con una secretaria. Fellgiebel le comunica que ha habido un ataque contra Hitler, pero que éste ha sobrevivido. Poco después habla con el propio Thiele. Esta vez emplea palabras en clave para inclinar que Hitler vive, pero que el bloqueo de comunicaciones está en marcha y que la Operación Valkyria debe continuar con todas las consecuencias.

La tercera conversación de Fellgiebel es con su hombre de confianza, en su propio despacho del campamento Mauerwald. Aquí nadie lo observa y puede hablar con claridad.

—Ha ocurrido algo terrible —dice—, el Führer sigue con vida.
—¿Qué debemos hacer ahora? —responde el otro.
—¡Bloquearlo todo!

Con esa orden, el general toma su decisión. Continuará con el golpe de Estado y cumplirá sus obligaciones para con la resistencia.

Entretanto, el oficial de comunicaciones Sander acude a toda prisa en presencia de Hitler. El dictador quiere saber cuándo podrá dar un discurso por la radio que sea emitido por todas las emisoras del Reich. La respuesta que recibe de Sander es que no puede ser antes de la noche. Entre otras cosas, primero hay que hacer que vengan a la Guarida del Lobo un vehículo de grabación y otro de transmisión.

Por su parte, Stauffenberg y Haeften han pasado el recinto de seguridad I y pocos minutos después se encuentran ante el puesto de guardia sur del cinturón de seguridad exterior, el último obstáculo para su regreso a Berlín. Aquí ya ha sido dada la alarma y hay barreras portátiles y artillería antitanque bloqueando el camino. El sargento mayor del puesto de guardia tiene orden estricta de no dejar pasar a nadie. Stauffenberg también intenta esta vez lograr que les dejen pasar con un tono enérgico, pero el oficial de guardia no se deja amedrentar. Entonces Stauffenberg dice que quiere llamar por teléfono, lo que le permiten de inmediato en la caseta junto a la barrera. Pide que le comuniquen con el comandante del cuartel general. Mirándolo fríamente, se trata de algo muy osado. Stauffenberg quiere hablar con el hombre con quien está citado a comer y que por tanto le hará un par de preguntas difíciles. Por otra parte, es su única oportunidad. Él y Haeften no pueden hacer nada contra los bien armados soldados de guardia. En ese momento se establece la comunicación: al aparato está el capitán de caballería Möllendorf, con quien Stauffenberg ha desayunado. Éste informa de que el comandante ha acudido junto al Führer. Stauffenberg le dice a Möllendorf que debe posibilitarle de inmediato la salida del recinto.

Möllendorf no sabe nada de la comida planeada ni tiene idea de por qué se ha dado la alarma. Pero sí sabe que Stauffenberg es un visitante oficial y eso le basta. Sobrepasando claramente sus competencias, pide que se ponga al aparato el jefe del puesto de guardia y le ordena que deje pasar al coronel. Ante esto no le queda otra opción al sargento mayor que dejar el paso libre. El farol de Stauffenberg ha funcionado.

Vuelve a saltar al Horch y el conductor pisa el acelerador. A pesar del estrecho camino lleno de curvas, el coronel Stauffenberg pide que se dé más prisa, y Haeften lanza el paquete que contiene el segundo explosivo fuera del coche con el mayor disimulo posible. Por desgracia, el disimulo no fue suficiente, como más tarde se comprobará. El conductor ha visto perfectamente que algo ha salido volando hacia los arbustos que están junto al camino, y lo recordará también para los encargados de la búsqueda de la Oficina Central de Seguridad del Reich. Pero primero lleva a sus dos pasajeros al aeródromo de Rastenburg como es su deber. Stauffenberg y Haeften se bajan del coche en la barrera del aeródromo y recorren a pie los últimos cien metros hasta llegar al avión que los espera. La vuelta a Berlín no puede hacerse en un avión correo regular, ni tampoco en el relativamente lento Junkers Ju-52. El *Generalquartiermeister* del ejército, que también es parte de la conspiración, ha puesto a su disposición su propio avión a hélice. Un rápido Heinkel He-111 de dos motores, con asientos para seis pasajeros. Cuando el avión despega, una fría racha de viento sopla por las torretas de las ametralladoras que están abiertas. Es la una y cuarto.

Durante las próximas horas, Stauffenberg no tiene ninguna tarea. Mientras está de camino, el éxito de la Operación Valkyria recae sobre otros hombros. No sabe que Hitler vive, pero otros sí que lo saben y ahora pueden dar los pasos correctos. Todo depende de lo que hagan los conspiradores de Berlín.

En estos momentos, va de aquí para allá, por los alrededores del barracón de conferencias de la Guarida del Lobo, el telefonista que ha visto marcharse a Stauffenberg. No tiene que participar en la investigación en el lugar de los hechos, pero hay algo que le gustaría comentar. Intenta comunicar a varios oficiales que ha visto marcharse a Stauffenberg, pero éstos lo llaman al orden con brusquedad y no quieren saber nada de una sospecha contra un coronel con tan excelente reputación.

El sargento primero, que se siente llamado a ejercer de detective, no se rinde y acaba hablando finalmente con Martin Borman, el secretario del Führer, quien en este tiempo es práctimente el nacionalsocialista con mayor poder después de Hitler. Éste lo escucha y el sargento primero le cuenta agitado que Stauffenberg ha debido de ser el que ha cometido el atentado porque se ha marchado a toda prisa del barracón de conferencias sin su cartera, ni su gorra ni su cinturón. Bormann no duda ni un instante y lleva al hombre directamente ante Hitler. Poco después se confirma la sospecha y al sargento primero le prometen una recompensa de 20.000 marcos y una casita cerca de Berlín.

Los conjurados esperan en la Bendlerstrasse noticias de la Guarida del Lobo, especialmente el general de infantería Friedrich Olbricht y el coronel Albrecht Mertz von Quirnheim. Para ellos cuenta cada minuto que pasa, pues la ejecución del plan Valkyria será hoy más complicada que la semana anterior. Cerca de ellos se encuentra en su despacho el coronel general Friedrich Fromm. Éste planeaba salir antes del trabajo para recoger a su nieto, pero se ve retrasado continuamente. Mientras está allí, se encuentra al mando de todas las tropas del territorio nacional. Es imposible ocultarle durante mucho tiempo las órdenes, pues a él le llegan todas las preguntas y peticiones de confirmación. También está completamente descartado introducirle en la conspiración antes de tiempo. A lo sumo tras la muerte de Hitler, de eso no hay ninguna duda, será cuando Fromm se decante por un bando.

Pero ahora corre el tiempo. La Operación Valkyria lleva varias valiosas horas de retraso, y Olbricht y Mertz no han recibido noticia alguna de Prusia Oriental. Comienzan a intuir que algo no va bien, pero lo que no saben es que su problema se encuentra en esos momentos a un par de salas de distancia. Allí vacila y titubea el hombre que ya lo sabe todo, desde la explosión de la bomba hasta el hecho de que Hitler ha sobrevivido. Es el teniente general Thiele, del cuerpo de comunicaciones, a quien Fellgiebel ha alertado personalmente desde la Guarida del Lobo. Thiele ha asegurado a los conjurados su lealtad y su participación, y ahora no tendría que hacer nada más que acudir a Olbricht y transmitirle la noticia.

Pero eso es precisamente lo que no hace. No hace nada en absoluto. Probablemente ha perdido la cabeza, ha dejado de creer en el éxito del golpe de Estado y no es capaz de actuar con claridad. En cualquier caso dice que tiene que salir urgentemente y sale de su despacho a toda prisa, sin haber comunicado a nadie su valiosa información. Permanecerá ilocalizable durante tres horas, después regresará y sólo transmitirá medias verdades que niegan toda ayuda a los resistentes y más tarde intentará salvar su propia vida mediante confusas contraórdenes. Stauffenberg y los demás líderes de la resistencia tenían claro que habría oficiales que se comportan así a la hora de la verdad. Pero no que uno fracasaría tan pronto y en un puesto tan importante.

Así, es poco sorprendente que Olbricht y Mertz dejen de estar en tensión a partir de un momento dado y que a eso de las dos supongan que la «reunión de mediodía» con Hitler debería haber acabado. El no haber recibido noticias de Fellgiebel y de Thiele sólo lleva a una suposición: Stauffenberg ha vuelto a fracasar y al parecer no ha tenido tiempo de comunicar por teléfono el estado de las cosas. Es perfectamente plausible. La situación recuerda al fracasado intento de la semana anterior, con la diferencia de que hasta ahora no se ha dado ninguna orden de las previstas en el plan Valkyria. Por lo tanto hay poco que hacer por el momento, excepto lamentarse por una nueva oportunidad perdida. En esta situación, Olbricht toma una decisión completamente absurda. Se va a comer con toda tranquilidad. Y no regresa al despacho hasta cerca de las tres de la tarde.

El general Fellgiebel permanece entretanto en la Guarida del Lobo, donde cada vez aparecen más y más hombres del Reichssicherheitsdienst. Poco después de la una, Himmler llama por teléfono a sus hombres de Berlín para ordenarles que acudan a Prusia Oriental a fin de investigar el atentado. El bloqueo de las comunicaciones no funciona. Una hora más tarde está claro que el sospechoso Stauffenberg ha escapado de Rastenburg en un avión. Himmler da la orden de derribarlo en el aire o atraparlo en el lugar que ha dado como destino: Rangsdorf. Fellgiebel ve que Himmler entra en acción y que él recibe las primeras quejas sobre el bloqueo de las comunicaciones. Dicen que todas las comunicaciones con el frente se han interrumpido, lo que es una situación insostenible para las tropas que están en combate. A eso de las tres, Himmler decide levantar el bloqueo de las comunicaciones, al menos para conversaciones oficiales bajo control. Fellgiebel no puede evitarlo y regresa resignado a su despacho de Mauerwald, a veinte kilómetros de allí. De lo que esté ocurriendo en Berlín dependen bastantes cosas, entre ellas su propia vida.

XVII. LA DECISIÓN

Berlín,
20 de julio de 1944

Son ya más de las tres cuando Stauffenberg aterriza en Berlín. Hay versiones acerca de dónde lo hizo, probablemente no aterrizó en Rangsdorf, como estaba previsto y donde lo esperaba Schweizer, su chófer, tal como habían acordado. El coronel ha desviado el avión a otro aeródromo berlinés. Lo que no es seguro aún hoy es a cuál, pero el motivo parece claro. Stauffenberg ha previsto la encerrona de Himmler y ha reaccionado en consecuencia. No tiene ningunas ganas de que lo reciba un destacamento de las SS al aterrizar en Berlín.

Así que Stauffenberg y Haeften descienden del avión en Tempelhof o en Gatow y sondean la situación. Todo parece completamente en calma. El calor de julio sobre Berlín se ha convertido entretanto en un agobiante bochorno que apenas puede soportarse. Nadie los espera allí, eso está claro. Sin embargo, la medida de precaución tiene una desventaja: ahora no tienen disponible ningún coche que los lleve a la ciudad.

Así que van a la oficina de la Luftwaffe del lugar para pedir un vehículo. Haeften consigue llamar desde allí a la Bendlerstrasse. Al otro lado del teléfono está la secretaria de Olbricht, a quien pide que envíe a Schweizer, pero éste no está localizable en Rangsdorf. Después se pone el mismo Olbricht y pregunta qué ocurre, lo que irrita sobremanera a Haeften.

—¿Cómo? ¿No ha llegado el mensaje hace horas de que la bomba ha explotado según el plan y que Hitler ha muerto?

—Por el amor de Dios, no.
—Quiere decir eso que no se han tomado las medidas previstas en el plan Valkyria?
—No. La noticia no ha llegado.

El hecho conmociona a ambos interlocutores. Se han perdido irremediablemente unas horas valiosísimas. Pero no sirve de nada lamentarse, ahora sólo cabe la huida hacia delante. Haeftern afirma que Stauffenberg y él se procurarán un coche ellos mismos y acudirán a la Bendlerstrasse tan rápido como puedan.

Allí están entrando en una frenética acción Olbricht y Mertz: La Operación Valkyria debe ponerse en marcha de inmediato. Cogen las órdenes preparadas de la caja fuerte de su despacho y convocan a los oficiales del Estado Mayor de la Oficina General del Ejército. Les anuncian que Hitler ha muerto víctima de un atentado y que la Wehrmacht ha tomado el poder bajo el mando del mariscal de campo Von Witzleben para mantener el orden y la calma, y continuar con la lucha en el frente; la responsabilidad del gobierno recae sobre el coronel general Beck. Nadie duda de sus palabras. Un mayor recibe la orden de transmitir las primeras órdenes de inmediato.

El distrito militar III, que comprende Berlín y el estado de Brandenburgo, tiene una gran importancia en todo esto. Lamentablemente, su jefe, un grueso general de infantería, es un nazi convencido. Y por eso se le pide que acuda enseguida a la Bendlerstrasse para ponerlo fuera de juego una vez allí. Al mismo tiempo salen enviados de la resistencia para insistir en las acciones que se deben llevar a cabo. Todas las unidades que se encuentran fuera de Berlín, incluidas las unidades de entrenamiento del ejército en Potsdam, Krampnitz, Glienicke y Döberitz, deben dirigirse a la ciudad, igual que la semana anterior, y ocupar allí sus áreas de intervención, recogidas en el plan Valkyria.

También es importante la llamada *Stadtkommandantur*, el centro de mando de la Wehrmacht en Berlín. Su oficial al mando, el teniente general Hase, es parte de la conspiración y apoya firmemente al bando de la resistencia. Todos tienen claro que, aunque el levantamiento debe producirse desde París hasta Praga, el éxito o el fracaso de la misión lo decidirá Berlín. Ahí debe lograrse el desarme de las SS y la detención de los nacionalsocialistas más importantes antes de la noche. De lo contrario la Operación Valkyria fracasará. Por lo tanto, el *Stadtkommandant* Hase alerta a sus tropas inmediatamente: las escuelas de artificieros y de armeros, los batallones de Landesschützen[5] y especialmente el Wachbataillon Grossdeutschland de la Kruppstrasse de Moabit. Estas unidades tienen la decisiva tarea de acordonar el barrio del gobierno y controlar así el centro de mando del Tercer Reich. Los comandantes de las unidades reciben la orden de comparecer enseguida ante el *Stadtkommandant* Hase en el edificio Unter den Linden 1. En Moabit se pone de camino un joven mayor, llamado Otto Ernst Remer, que fue trasladado desde el frente a Berlín hace poco tiempo para ponerse al mando del Wachbataillon. Son las cuatro y diez.

Más o menos al mismo tiempo, Hitler se encuentra en la estación de Görlitz para recibir a Benito Mussolini. Concede una gran importancia a un aspecto exterior sereno. Poco antes ha mandado llamar a una de sus secretarias, como de costumbre, para que esté presente durante la comida conjunta. Dice que están en un punto de inflexión para Alemania y que ahora todo volverá a mejorar; se alegra de que esos malditos perros se hayan descubierto a sí mismos. Y rechaza la objeción de la secretaria de que no puede recibir a Mussolini en ese momento. Debe recibirlo, ¿qué diría, si no, la prensa mundial? Además ha hecho llamar al jefe de prensa del Reich, el cual está preparando una corta noticia sobre el atentado y que Hitler ha sobrevivido a él. Ésta se enviará a Goebbels, a Berlín, para que se difunda por toda Alemania por la radio y los servicios de noticias.

El agobiante bochorno del día de verano se ha transformado en una ligera lluvia que trae algo de fresco. Hitler está pálido. Se ha puesto un largo chubasquero negro y lo están filmando para el noticiero semanal. Cuando Mussolini baja del tren, le extiende

---

5. Tropas de infantería encargadas de la seguridad en las zonas ocupadas. (N. del t.)

la mano izquierda y éste la estrecha vigorosamente. Hitler aún no puede mover en condiciones el brazo derecho, le tiembla.

Mussolini se asusta cuando le cuentan el atentado. «Dígale al Duce —indica Hitler al intérprete—, que hace pocas horas tuve la mayor suerte de toda mi vida.» Caminan junto a Göring, Himmler, Ribbentrop, Bormann y otros hasta el lugar del suceso. Los dos dictadores entran en el barracón devastado. «Es verdaderamente terrible», dice Mussolini.

«Aquí ha sucedido —dice Hitler—. Me encontraba aquí, junto a esta mesa. Me estaba apoyando con el brazo derecho sobre la mesa para ver algo más de cerca en el mapa cuando de pronto el tablero de la mesa salió volando hacia mí.» Pronto comienza a emplearse la palabra «milagro» en el grupo, la cual Mussolini emplea de inmediato con fascinación. Él habla de una «señal del cielo», mientras que Hitler lo hace «de la gran causa común» que ahora se podrá «completar felizmente». Además vuelve a lamentarse por sus pantalones.

Finalmente, los dos dictadores y sus séquitos toman el té. Lo sirven criados vestidos de blanco. A Mussolini le dan un vaso de leche que le ha sido prescrito a causa de una dolencia estomacal, Hitler recibe las coloridas pastillas para el dolor del doctor Morell que masca en cada comida y que otros médicos descubrieron que contenían veneno. Hitler y Mussolini están en silencio, por lo que comienza una fuerte discusión entre el resto del grupo. Las voces se hacen cada vez más fuertes, todos se echan las culpas mutuamente de la fatal situación. Generales contra ministros y viceversa, e incluso Göring y Ribbentrop se increpan con furia. Mussolini hace bolitas con migas de pan. De pronto el rostro de Hitler enrojece y se levanta de un salto. «Hoy tengo la sensación de que la Providencia me ampara como nunca antes la he tenido —grita—. Y sé que con la Providencia a mi lado, llevaré la guerra a un final victorioso. ¡Pero antes acabaré con todos aquellos que se han interpuesto en mi camino! ¡Aplastaré, extirparé y exterminaré a los elementos criminales que han cometido traición contra su propio pueblo! ¡Acabaré con ellos!» Le sale espuma por la boca y amenaza con terribles penas incluso contra mujeres y niños. Delira durante media hora y finaliza con la siguiente frase: «Comienzo a dudar de que el pueblo alemán sea digno de mis grandes ideales.» Acto seguido, se hacen desde todos lados apasionadas proclamaciones de lealtad. Conmocionado, Mussolini se disculpa y huye al exterior.

Después de que se pongan en marcha las primeras medidas en Berlín, Olbricht se encuentra ante su tarea más delicada poco después de las cuatro de la tarde. Stauffenberg aún no ha llegado a la Bendlerstrasse, así que tendrá que pasar él solo a la siguiente fase de la Operación Valkyria. Seis escalones separan el pasillo de la Oficina General del Ejército, donde se encuentra él, del centro de mando superior del Ejército de Reemplazo, donde se halla el coronel general Fromm. Es hora de hacerlo partícipe del asunto. Con la revelación de que Hitler está muerto, Olbricht espera que Fromm dé su consentimiento al resto del plan. No espera una participación activa, pues Fromm sólo se pondrá completamente del lado de los vencedores tras el éxito del golpe de Estado.

Olbricht pasa como una exhalación por la antesala de Fromm y no se deja detener. Fromm está en una reunión y se encuentra muy enfadado. En realidad le gustaría haberse marchado del despacho desde hace mucho, pero aún no ha logrado hacerlo. Su plan de ir al campo y estar ilocalizable el resto del día fracasa en el momento en que Olbricht le comunica que Hitler ha muerto víctima de un atentado. Ahora Fromm está implicado. Lo que ocurre ahora se lo contó más tarde a uno de los conjurados mientras estaban en prisión.

—¿Quién le ha informado de eso? —pregunta.

Olbricht responde que la noticia proviene directamente del cuartel general de Hitler.

—Ante estas circunstancias, propongo ejecutar el plan Valkyria y dar las órdens pertinentes a todos los *Generalkommando* adjuntos y traspasar así el poder ejecutivo del Estado a nosotros, la Wehrmacht.

Fromm vuelve a mostrarse cauteloso y dice que sólo podría dar una orden semejante si estuviera convencido de la muerte de Hitler.

Olbricht no ve ningún problema en ello, él está convencido. Coge el auricular del teléfono y pide una comunicación urgente con el mariscal de campo Keitel en la Guarida del Lobo. Enseguida le pasan con él. Keitel contesta y Fromm coge el aparato.

—¿Qué está ocurriendo en el cuartel general? Aquí en Berlín se están difundiendo los más peregrinos rumores —dice Fromm.

—¿Y qué tendría que pasar? Todo está en orden —responde Keitel. Sus palabras no suenan del todo convincentes. Tampoco en el cuartel general del Führer hay interés alguno en estos momentos por transmitir a todo el mundo la noticia del atentado.

Pero Fromm insiste.

—Me acaban de informar de que el Führer ha caído víctima de un atentado.

—Eso es una tontería. Es cierto que ha ocurrido un atentado, pero por suerte no ha tenido éxito. El Führer vive y sólo está herido superficialmente.

En ese momento, Keitel parece darse cuenta de algo. ¿No está Fromm prácticamente puerta con puerta con ese Stauffenberg del que se dice que es el posible autor del atentado?

—Por cierto, ¿dónde se encuentra el jefe de su Estado Mayor, el coronel Von Stauffenberg? —pregunta Keitel. Su tono de voz no deja claro el sentido de la pregunta, pero Fromm lo intuye.

—Stauffenberg aún no se ha presentado ante mí —dice por toda respuesta.

Así acaba la conversación. Fromm se vuelve hacia Olbricht. Éste le comunica que ante las circunstancias actuales, no está dispuesto de ninguna manera a poner en marcha el plan Valkyria. Hitler vive y en la Guarida del Lobo parecen tener la situación bajo control. Él no tiene ningún motivo para dudar de las palabras de Keitel. Como de costumbre deja entrever que conoce las intenciones de los conjurados y que en principio no las rechaza. Al mismo tiempo da a entender que es demasiado peligroso llevar a cabo un golpe de Estado en esas circunstancias. Y así da por concluida la conversación.

A Fromm no le sorprende el comportamiento de Olbricht, pero sí le han sorprendido mucho las palabras de Keitel. El mariscal de campo no ha dado la impresión de estar mintiendo ni de querer convencer angustiosamente al mundo de la supervivencia de un dictador que en realidad llevase mucho tiempo muerto. Sus afirmaciones sobre el estado de Hitler sonaban a áspera obviedad. Por primera vez, Fromm no está seguro de lo que ha ocurrido realmente en la Guarida del Lobo.

Poco antes de las cuatro y media, el comandante del Wachbataillon, el mayor Otto Ernst Remer, entró en la Stadtkommandantur Unter den Linden, enfrente del monumento a la Ewige Wache. Remer, de treinta y un años, es un gallardo oficial con un rostro estrecho y bien perfilado y grandes orejas. Sus orígenes son sencillos. Desde muy joven se ha visto a sí mismo como una especie de enérgico niño modelo. Habla con acento berlinés, empleando un tono especialmente militar y entrecortado, y su dedicación va más allá de lo exigido. Primero fue líder de las juventudes hitlerianas, desde 1933 como cadete de la Reichswehr, después *Kompaniechef* y *Bataillonskommandeur* en el frente. Allí fue herido en varias ocasiones. Recibió la Nahkampfspange de plata por cuarenta y ocho «días en combate cuerpo a cuerpo», además de la Cruz de Hierro por valentía extraordinaria. En noviembre de 1943, Hitler le concedió personalmente el siguiente grado de la orden, la Cruz de Hierro con hojas de roble, y charló con él durante cerca de una hora sobre sus experiencias en el frente.

Remer considera su puesto de comandante del Wachbataillon más bien como un periodo de reposo. Ha pasado la mañana del caluroso día en la piscina del Poststadion, que se encuentra junto al cuartel. Pero ahora vuelve a sentir la llamada del combate. Muestra poco respeto por los oficiales del Generalstab, sus superiores, a quienes le gusta denominar despectivamente como «indispensables soldados en la patria».

Remer se presenta ante su superior, el teniente general Hase, quien se encuentra firmemente del lado de la resistencia. Es hecho entrar de inmediato.

—¡El Führer ha sufrido un accidente mortal! —dice Hase—. Han comenzado disturbios en el interior. ¡El ejército va a tomar todo el poder!

El *Wachregiment* recibe la tarea de acordonar el barrio del gobierno con ayuda de una fuerte intervención de las tropas de la reserva. ¡Debe cerrarse tan herméticamente que ni un general ni un ministro puedan pasar el cordón!

Remer se estremece. Hasta ese mismo instante había creído en la prometida victoria final, y con la muerte de Hitler ve esfumarse de un golpe todas las posibilidades de que ocurra. Más tarde mantendría haber hecho una serie de preguntas. «¿Está el Führer muerto realmente? ¿Ha sido un accidente o se trata de un atentado? ¿Dónde han comenzado los disturbios? ¿Por qué pasa el poder a la Wehrmacht? ¿Quién sucederá al Führer? ¡Según el testamento de Hitler, su sucesor tiene que ser automáticamente el *Reichsmarschall* Hermann Göring! ¿Ha dado alguna orden o proclama?»

Ya es imposible saber si el mayor formuló realmente esas dudas así, si las pensó para sí en silencio o si en ese momento ni siquiera pensó nada. Lo mismo se aplica para su posterior afirmación de que intentó de inmediato mirar la firma de la orden que había sobre la mesa, lo que aparentemente le fue denegado con vehemencia.

En cualquier caso, recibió un plano de la ciudad con indicaciones de cómo debía acordonar el barrio del gobierno. Se trataba de una especie de pentágono entre el centro del barrio del gobierno y el zoológico limitando con la Potsdamer Platz, la Saarlandstrasse, la Anhalterstrasse, la Wilhelmstrasse, la Kochstrasse, la Friedrichstrasse, la Dorotheenstrasse y la Hermann-Göring-Strasse. Le dicen que la policía prestará su ayuda durante el acordonamiento y a continuación lo despiden.

Vuelve de inmediato con su regimiento para poner en marcha la orden. Reflexiona. Con toda seguridad, tras la muerte de Hitler reina un gran desconcierto. Posiblemente haya varios líderes nazis que intenten enfrentarse a su sucesor y surjan luchas abiertas por el poder. Tiene muy claro que como comandante de la tropa de seguridad en el perímetro municipal de Berlín debe ser una figura decisiva ante tales planes. Podría ser engañado y utilizado por el bando equivocado, llevado a cometer errores mortales. Su preocupación comienza a crecer.

Al mismo tiempo, el coronel Mertz von Quirnheim está lleno de impaciencia en su oficina de la Bendlerstrasse. No le cuadra que Olbricht haya hablado con Fromm sobre la puesta en marcha de la Operación Valkyria. Cada minuto puede ser decisivo, después nadie preguntará si las órdenes siguieron la cadena de mando. En ningún caso deben repetirse las vacilaciones de cinco días atrás. Así que toma una decisión por su propia cuenta. Siendo completamente consciente de las consecuencias coge el borrador del comunicado más comprometedor de todos y una lista de los veinte puestos de la Wehrmacht más importantes a los que debe ser enviado. Da ambas cosas al competente capitán Karl Klausing. «Enviar de inmediato», le ordena. El capitán acude de inmediato al alférez encargado del servicio de comunicaciones, entra a toda prisa en su despacho y lanza las hojas sobre la mesa. «¡Enviar de inmediato!», repite.

«El Führer Adolf Hitler ha muerto», lee el alférez, primera frase de la primera página. Exactamente tal como Henning von Tresckow, Stauffenberg y la señora Von Oven lo plasmaron sobre el papel hace nueve meses, durante sus reuniones en Grunewald. Traga saliva. No es una comunicación ordinaria. ¿No habría que darle la mayor prioridad a la orden? ¿Y no tendría que ser clasificada como de alto secreto? Levanta la mirada, pero el capitán ya ha desaparecido. Sale en su búsqueda al pasillo y le pregunta. La brusca respuesta es que lo haga exactamente así. De este modo, el peligroso papel empieza a recorrer su curso, pero ha habido un error.

Para clasificar un mensaje en el grado de mayor secreto hacen falta los llamados *G-Schreiber*, que trabajan con una complicada encriptación. De este modo sólo puede enviarse a un destinatario cada vez. En el segundo piso de la Bendlerstrasse hay cuatro de estos encriptadores, manejados por operadoras que habían prestado juramento y que estaban vigiladas por un suboficial. Éstas se ponen de inmediato a trabajar, pero los encriptadores necesitan casi tres horas para veinte destinatarios, y eso sólo para la primera orden. Y llegarán más. Así se vuelve a perder un tiempo muy valioso. La transcripción dura casi hasta la noche y de hecho algunos de los mensajes se quedarán finalmente sin enviar.

Los destinatarios más importantes de estos comunicados son los mandos de los distritos militares. Hay en total 21 distritos de este tipo cuyas sedes se corresponden con las capitales de estado del Reich y de los territorios ocupados, de Königsberg a París y de Hamburgo a Praga. Para fundamentar la activación del plan Valkyria, los conjurados han inventado que miembros del partido han querido dar un golpe de Estado. Los primeros puntos del comunicado no dejan ninguna duda al respecto:

> I. Disturbios interiores. Una camarilla sin escrúpulos de líderes del partido que no conocen el frente ha querido aprovechar la situación para intentar atacar por la espalda y apropiarse del poder para sus propios fines.
> II. En este momento de gran peligro, el gobierno del Reich ha dispuesto el estado de excepción militar para mantener la paz y el orden y me ha transmitido el mando de todo el poder pasando por encima de la Wehrmacht.

Y continúa con las medidas individuales que deben tomarse, en especial con la neutralización y posible desarme de las Waffen-SS, del Servicio de Trabajo del Reich, de todas las autoridades públicas, de toda la policía, el NSDAP y todas sus ramas, la protección de las instalaciones de noticias y la eliminación del Sicherheitsdienst. Al final aparece la firma del mariscal de campo retirado Von Wiztleben, que Tresckow se procuró en su momento. En la Bendlerstrasse se espera al resistente jubilado en cualquier momento.

Un segundo mensaje que debe ser enviado obligatoriamente con el primero está firmado por Von Stauffenberg. Contiene indicaciones más precisas y al final una tímida referencia al verdadero propósito de los golpistas. No se tolerarán «actos arbitrarios y de venganza», dice allí: «La población debe ser consciente de la distancia existente respecto a los métodos arbitrarios del anterior gobierno.»

Entonces ocurre algo completamente imprevisto. Debido a un acoplamiento de las conexiones que les es desconocida a los conspiradores, los télex llegan también a la central de comunicaciones de la Guarida del Lobo. El nombre de Witzleben hace saltar todas las alarmas allí. El nombramiento del antiguo mariscal de campo sólo puede significar una cosa: en Berlín se está llevando a cabo un golpe de Estado por parte del ejército allí destacado, y el coronel general Fromm, de cuya oficina proviene el mensaje, parece estar implicado en ello. Himmler presenta el télex a Hitler y propone dar autorización plena a la Gestapo para detener a todos los oficiales de la Wehrmacht sospechosos de pertenecer al golpe. Él mismo daría las órdenes al Ejército de Reemplazo. Hitler está de acuerdo y envía al *Reichsführer* a Berlín para restablecer «el orden y la calma».

Al mismo tiempo, Keitel emprende rápidas contramedidas. Envía un mensaje por radio urgente a los distritos militares: «¡Mensaje urgente! ... ¡El Führer sigue con vida! ¡Completamente sano! El *Reichsführer* de las SS está al mando del Ejército de Reemplazo, sólo sus órdenes valen. ¡No llevar a cabo órdenes del coronel general Fromm ni del mariscal de campo Von Witzleben! ¡Mantener el contacto con los jefes de distrito y los altos mandos de la policía!» Este acontecimiento, del que nada saben al principio los resistentes, significa una catástrofe para ellos. La respuesta de la Guarida del Lobo no sólo llega mucho antes de lo esperado, sino que, al contrario que las comunicaciones de la resistencia, no va por los lentos canales de los mensajes encriptados y sí por las rápidas ondas de radio militares.

Cuando el general Olbricht vuelve a su despacho tras la conversación con Fromm, lanza con decepción el plan Valkyria sobre la mesa. «Fromm no quiere firmar», dice. El coronel Mertz von Quirnheim no hace ningún gesto y dice que él mismo ha comenzado ya la segunda fase de la operación.

En ese momento se da cuenta Olbricht de que se le ha escapado el control de la situación. Las órdenes para el golpe de Estado están en marcha en contra de Fromm. Y a eso hay que añadirle la inseguridad que ha despertado la llamada a la Guarida del Lobo, ¿puede ser que Stauffenberg y Haeften se equivoquen? Ya no hay nada que pueda descartar. Olbricht quiere aclarar las cosas de una vez y hace que uno de sus ayudantes le comunique con el general Fellgiebel en Mauerwald. Éste ya está también al aparato, pero se niega sorprendentemente a hablar con Olbricht. «¡Ya no tiene ningún sentido!», dice, y cuelga antes de que se establezca la comunicación entre ambos. Así comienzan a acumularse los malentendidos: Fellgiebel supone que Olbricht y sus hombres conocen ya la inequívoca noticia de que Hitler ha sobrevivido, y no ve ningún sentido en tener más conversaciones telefónicas. Piensa que en Berlín ahora hay que actuar y no hablar. Por el contrario, Olbricht supone que Fellgiebel está retirándose. «Es el primero que abandona el barco», dice furioso.

Y en esta caótica situación es cuando Olbricht toma su decisión. Decide seguir lo que ya ha comenzado el enérgico Mertz. Así que coge el auricular para dar los siguientes pasos. Por ejemplo, ahora hay que repartir los planos de Berlín. Éstos contienen números para todos los puestos importantes que hay que ocupar y van a la Stadtkommandantur y a la sede del distrito militar III. La lista está ordenada por prioridad. En primer lugar está el Amt IV de la Oficina Central de Seguridad del Reich, más conocido como la Gestapo. En segundo lugar está el *Reichsführer* de las SS, con sus colaboradores personales, si bien está claro que Himmler en persona no está en Berlín sino que sigue tirando de los hilos en la Guarida del Lobo. El tercer lugar es para el SS-Führungsamt de la Kaiserallee, el cuarto para el jefe de las SS y de la policía de la Königsallee, el quinto para el jefe de telecomunicaciones de las SS de la Wilhelmstrasse. Y así continúa. Otros puestos importantes son para la imprenta nacional del Reich (número nueve), y el organismo central de propaganda nacionalsocialista, el *Völkische Beobachter* (número diez). El Ministerio del Reich de Educación Popular y Propaganda y con él el ministro y jefe de distrito de Berlín, Joseph Goebbels, quien sí está en la ciudad, se encuentran en el puesto 19. El Ministerio del Interior, Correos, el Preussisches Staatsministerium, la dirección de las juventudes hitlerianas, el Frente Alemán del Trabajo, el Ministerio de Exteriores, el Motor-Obergruppe Ost, el Pressepolitische Amt, la lista continúa. Las tropas que deben llevar a cabo esas órdenes, sin embargo, todavía tienen que ser organizadas.

El coronel general retirado Ludwig Beck llega a la Bendlerstrasse hacia las cuatro y media. Ha dejado su uniforme en casa adrede. Ahora es el jefe de Estado civil y por tanto lleva un traje.

Su cara redonda parece marcada por la preocupación como de costumbre, pero debajo se esconde la más absoluta determinación. La incertidumbre primera sobre el estado de Hitler no lo impresiona mucho y comienza a decir que hay que actuar de tal manera y de tal otra. Junto a él entran otros miembros de la resistencia civil. Entre ellos, Berthold von Stauffenberg con su uniforme de marina, el agente de la Abwehr, los servicios de inteligencia, Hans-Bernd Gisevius, el conde Fritz-Dietlof von der Schulenburg, el conde Yorck von Wartenburg, el conde Ulrich Wilhelm Schwering von Schwanenfeld y el teólogo Eugen Gerstenmaier, que aparece con una Biblia y una pistola en los bolsillos, y exige que se dispare de inmediato contra un par de nazis. También hay que alertar a Carl Goerdeler en su escondite, pero aún se espera a ver cómo se desarrolla la situación.

En ese momento llegan por fin a la Bendlerstrasse Stauffenberg y Haeften. Al instante son asediados a preguntas. En primer lugar se presentan ante Olbricht y Mertz, a quienes acompaña Berthold von Stauffenberg. Los hermanos se saludan aliviados. Es Claus quien informa.
—Lo he visto todo desde fuera. Estaba de pie junto al general Fellgiebel en el exterior del barracón. Dentro de éste hubo una explosión y entonces sólo vi cómo un gran número de sanitarios corrían al lugar y acudían también coches. La detonación fue como si hubiera explotado dentro un obús de 150 milímetros. —Y a continuación añade su propia estimación sincera—. Es casi imposible que quedara alguien con vida.
Esta descripción convence a Olbricht. Propone de inmediato que Stauffenberg presente ese mismo informe al coronel general Fromm, quien no podrá pasar por alto el relato de un testigo ocular. Y se ponen en camino.

Fromm se alegra poco de ver de nuevo a Olbricht en su despacho, pero éste le explica de inmediato que Stauffenberg puede confirmar de manera definitiva la muerte de Hitler.
—A la vista de la situación, ya hemos dado la orden relativa

a los disturbios en el país a los *Generalkommando* adjuntos —añade Olbricht.

Esto deja conmocionado a Fromm. Se levanta de un salto y golpea la mesa con el puño.

—¡Esto es una insubordinación total! ¿Qué quiere decir «hemos dado»? ¿Quién ha dado la orden?

—El jefe de mi Estado Mayor, el coronel Mertz von Quirnheim —responde Olbricht.

—¡Tráiganme aquí de inmediato al coronel Mertz!

Merzt comparece y admite al instante haber dado la clave Valkyria a los distritos militares y a otros destinatarios importantes sin tener autorización para ello.

—Por el momento está detenido, ya veremos después —dice Fromm resoplando.

—Hitler está muerto —dice sucintamente Stauffenberg.

—¿Estaba usted allí? —pregunta Fromm.

Stauffenberg repite lo que ha contado a Olbricht y a los demás.

—Ha habido una explosión como si hubiera impactado un obús de 150 milímetros. Nadie que estuviera en la habitación puede seguir con vida.

—Eso es imposible, Keitel me ha asegurado lo contrario —bufa Fromm—. Y él sigue vivo. ¿Cuándo ha tenido lugar la explosión?

—Durante el informe de mediodía. El mariscal de campo Keitel miente como de costumbre. Yo mismo he visto cómo sacaban muerto a Hitler.

—¡Entonces debe de haber alguien más del entorno del Führer que esté implicado! —exclama Fromm, irritado.

En ese momento, Stauffenberg se levanta. Su voz suena ahora completamente decidida.

—Coronel general, yo mismo he activado la bomba durante la reunión con Hitler.

Fromm permanece impasible:

—Von Stauffenberg, el atentado ha fallado. Así que ya sabe lo que tiene que hacer.

—Eso no lo haré de ningún modo.

—Stauffenberg, ¿tiene una pistola?

—No.

Fromm se vuelve hacia Mertz.

—¡Traiga una pistola!

—Estoy detenido —dice Mertz, no exento de ironía.

Olbricht vuelve a intentar apelar a Fromm.

—Coronel general, ha llegado el momento de actuar. Si no lo hacemos ahora, nuestra patria se hundirá para siempre.

—Considérense detenidos a partir de este instante —grita Fromm.

—Se equivoca acerca de la verdadera situación del poder —dice Stauffenberg con frialdad—. Si hay alguien que tuviera que ser detenido aquí, ¡ése es usted!

En ese momento, Fromm salta lleno de ira.

—¡Una pistola! —grita.

Haeften y otro ayudante, el valiente Ewald-Heinrich von Kleist, que ya estuvo dispuesto a llevar a cabo el atentado, irrumpen en la estancia y se lanzan contra el gigantesco Fromm. Tiene lugar una pelea en la que reducen a Fromm y finalmente lo mantienen a raya a punta de pistola. Es una humillación casi inimaginable según todas las reglas del cuerpo de oficiales. Normalmente quien pone la mano sobre un oficial de mayor rango ha arruinado su vida. Fromm no logra entenderlo.

Cuando le ponen una pistola en el estómago, se hunde tras su escritorio.

—Bajo estas circunstancias, me declaro al margen de lo que ocurra —declara con pesar.

Después es obligado a entrar con su ayudante en su propia antesala y a permanecer allí bajo vigilancia. Cortan el cable del teléfono y se coloca un guardia delante de cada una de las pesadas puertas de roble talladas. Son ya las cinco.

Un coronel general retirado, Erich Hoepner, partidario de la resistencia y que ha aparecido con Beck, recibe la indicación de asumir la función de Fromm de manera formal. Meticuloso, pide una orden escrita, la cual es redactada. Después entra donde está Fromm, expresa lo mucho que lo lamenta y dice que lo han obligado a tomar su puesto. El porqué de su participación en el golpe de Estado sigue siendo un enigma. El resto de la tarde la pasará comportándose de manera pasiva. Cuando le llegan llamadas de los desconcertados oficiales de los distritos militares, él les dice fundamentalmente que decidan ellos mismos lo que crean correcto.

El coronel general Fromm no es vigilado con particular intensidad. Su ayudante pronto descubre una posibilidad de escape, pero el detenido rechaza huir. Más tarde pide coñac y se lo dan. A eso de las nueve de la noche también aceptan su palabra de honor de que no usará el teléfono ni huirá si lo dejan marcharse a su vivienda oficial. Esa vivienda oficial está un piso por encima de su despacho. Allí se quedará sentado sin hacer nada en absoluto hasta que el golpe de Estado tome un nuevo giro dos horas más tarde.

Entretanto, el mayor Otto Ernst Remer, encargado del acordonamiento del barrio del gobierno, ha regresado a Moabit junto a sus tropas. Sobre las cinco de la tarde reúne a sus oficiales y les anuncia la muerte de Hitler. Todos se alarman al oírlo. Remer extiende el plano de la ciudad y reparte las tareas a las distintas compañías. Casualmente está presente un alférez inválido de guerra cuya profesión civil es la de historiador fervientemente nacionalsocialista, y que también ha ejercido como orador en el ministerio de Propaganda de Goebbels. Precisamente ese mediodía ha dado una conferencia histórico-cultural a los subordinados de Remer para reforzar su moral. Cuando oye hablar de «acordonamiento» y de «disturbios», las órdenes le parecen algo extrañas. Su antiguo superior, Goebbels, también parece encontrarse entre los «acordonados». Así que le dice a Remer que hay algo que no puede estar bien de ninguna manera. Éste no comparte su opinión, pero accede a enviar al alférez a Goebbels lo antes posible para preguntar qué está ocurriendo en realidad. Goebbels es también comisario de la defensa del Reich de Berlín y al mismo tiempo jefe de distrito de la capital, por tanto debe ser informado. También hay otro informe que inquieta a Remer: una parte de su regimiento está destinada de forma rutinaria como compañía de guardia de la Bendlerstrasse. El capitán al mando allí informa de que ha recibido de un tal coronel Mertz von Quirnheim la orden de cerrar todas las entradas y de abrir fuego sobre posibles grupos de las SS que intenten entrar. Si el ejército y las SS se están enfrentando de manera tan abierta, las cosas pueden ponerse bastante feas.

En un primer momento, Remer decide, no obstante, que las órdenes son las órdenes y que no hay duda de que el acordonamiento debe llevarse a cabo. Ordena que sus compañías monten de inmediato en los camiones y que partan al centro de la ciudad. Así comienza el cierre del barrio del gobierno que requerirá aproximadamente hora y media. Al mismo tiempo, el alférez cuyas sospechas se han despertado va a ver a Goebbels. Puesto que conoce de primera mano una parte del plan Valkyria, más informaciones decisivas podrían caer en manos del enemigo.

Una vez quitado del medio Fromm, Stauffenberg puede sentarse por fin ante su escritorio y poner en marcha el arma más importante del golpe de Estado: su teléfono. Junto a él se encuentra el coronel general Beck para continuar algunas de las conversaciones y presentarse como el nuevo jefe de Estado civil. Puesto que ahora hay declaraciones contradictorias sobre el estado de Hitler, los conspiradores deben contar con que habrá confusión en toda la cadena de mando, tanto entre los que están al tanto de la conspiración como entre los que no. Ante la caótica situación, es necesario averiguar lo antes posible quién se mantiene en el rumbo marcado, quién está dudando y quién pacta con el lado contrario. Stauffenberg está seguro de que cualquier oficial que forme parte de la conspiración, aunque sea de manera alejada, puede contar con la pena de muerte si fracasa el golpe de Estado. La cuestión es si también los propios afectados lo tienen claro.

La primera llamada es al *Generalquartiermeister*, que se encuentra estacionado fuera de Berlín, en el cuartel general Zossen. Fue él quien prestó su avión a Stauffenberg para el vuelo de regreso, pero ahora no suena tan confiado. Beck continúa la conversación y se presenta como el líder civil del golpe de Estado. El *Generalquartiermeister* lo escucha. No lo contradice directamente, pero se lo comunica de inmediato a Keitel junto con otro oficial, a quien los resistentes también creen parte firme de su círculo. De esta forma hay importantes pilares de la operación que en esos momentos se pasan al enemigo.

Stauffenberg se comunica en París con su primo Caesar von Hofacker, pero éste ya ha sido informado. El decidido círculo de conspiradores en torno al líder militar de Francia, el general Stülpnagel, prepara todas las medidas necesarias.

Sin embargo, tampoco el enemigo permanece inactivo. Himmler continúa en Prusia Oriental, principalmente porque no quiere aparecer en Berlín hasta que la situación sea medio segura. Se ha enterado de que Stauffenberg no aterrizó en Berlin-Rangsdorf como estaba planeado y de que ahora se encuentra en su despacho de la Bendlerstrasse. Por tanto ordena a su cuartel general de la Prinz-Albrecht-Strasse que detenga a Stauffenberg de inmediato. La central de las SS está a unos cuatro minutos en coche del edificio de la Bendlerstrasse. Sin embargo, sólo se despacha a un *Oberführer* con varios acompañantes a detener a Stauffenberg. Éste llega a la Bendlerstrasse y declara que quiere «mantener una conversación» con el sospechoso. Le contestan tranquilamente que eso es imposible y que en vez de eso puede considerarse detenido. Algo después es desarmado y retenido en una sala de la Bendlerstrasse, a lo cual no opone ninguna resistencia.

Entretanto también ha llegado a la Bendlerstrasse el *Polizeipräsident* de Berlín, un conjurado que ya ha recibido las primeras órdenes Valkyria. Como en la simulación de la semana anterior, ahora quiere preparar la detención de los líderes nacionalsocialistas. El coronel general Beck le dice que desde la Guarida del Lobo se niega la muerte de Hitler. Olbricht no quiere entrar en ese debate y afirma que eso son mentiras del mariscal de campo Keitel. Pero Beck dice que la noticia de la supervivencia de Hitler puede ser difundida pronto a través del telégrafo y que habría que estar preparados para ello. «Para mí, ese hombre está muerto», dice a su manera clara y sobria. La muerte de Hitler debe ser la máxima que guíe la actuación, independientemente de cuál sea la verdad. Y una vez que se hayan hecho con el poder, lo demás no tendrá ninguna importancia. El *Polizeipräsident* promete actuar siguiendo ese principio.

Entretanto ha llegado al edificio el corpulento comandante del distrito militar III. Este general de infantería es conocido como un firme nacionalsocialista y precisamente por eso se le ha hecho acudir, para que, sin su presencia, los conjurados puedan neutralizar y controlar su oficina, que es responsable de todas las tropas de la zona de Berlín y Brandenburgo. Ahora está sentado en la habitación contigua al despacho de Olbricht y espera a que le hagan pasar al despacho de su superior, el coronel general Fromm. Éste, por su parte, está detenido y no tiene contacto con el mundo exterior. Finalmente llegan Olbricht y Beck y le dicen al general que debe ejecutar el plan Valkyria en su distrito militar. Hitler está muerto. El grueso comandante lo niega con vehemencia.

Barrunta la conspiración y se da cuenta de que dos jóvenes oficiales lo vigilan disimuladamente. Así que se arma de valor y se precipita hacia la puerta. Corre por el pasillo tan rápidamente como se lo permite su peso. Sólo hay veinte metros hasta las escaleras, por donde espera poder huir.

—El general se ha ido —exclama de inmediato un oficial.

Y otro grita:

—¡Cuidado, la salida!

Junto a la puerta hay dos jóvenes resistentes que apuntan con sus pistolas al grueso oficial. El gesto surte efecto.

El fugitivo es llevado de vuelta a los despachos mientras respira pesadamente. Va murmurando algo sobre la jura de bandera y la traición, pero después se calma y dice que no tiene nada que ver con un golpe de Estado y que no está a la altura de tales cargas. Algo más tarde dice que le gustaría irse a casa y trabajar en el jardín, pero los vigilantes rehúsan permitírselo. Entonces dice que si va a seguir retenido allí que por favor realicen los preparativos para su pernoctación.

De los cuarteles alertados en Berlín y alrededores comienzan a llegar confirmaciones de que están preparados para la movilización. Al mismo tiempo llegan también las primeras preguntas sobre si las órdenes son de verdad y si es cierto que deben ejecutarse. Hay dudas sobre todo en el distrito militar III, las cuales se acentúan cuando su jefe no regresa de su visita a la Bendlerstrasse

El desconfiado alférez que quiere informar a Goebbels ya está en el barrio del gobierno con la moto que el mayor Remer ha puesto a su disposición. No ha encontrado a Goebbels en el ministerio de Propaganda, pero allí le han dicho que el ministro ha partido a su residencia, que también se encuentra en el mismo barrio. Goebbels reside ante el Reichstag y la Puerta de Brandenburgo, en la Hermann-Göring-Strasse n.º 20, que antes de la toma de poder por parte de los nacionalsocialistas se llamaba Friedrich-Ebert-Strasse. Desde la parte trasera de la casa se puede ver el jardín de la cancillería de Hitler.

El alférez se presenta ante la puerta de la villa, coronada por águilas de piedra. Son casi las cinco y media cuando por fin le hacen pasar ante el ministro del Reich. Goebbels escucha la historia y al principio no se la quiere creer. Un golpe de Estado de esas dimensiones le parece inconcebible. Entre sus numerosos cargos está el de *Protektor* de la división *Grossdeutschland*, y por tanto del Wachbataillon. Hace poco ha invitado a algunos soldados del batallón a una fiesta de verano, y antes de eso se ha presentado ante él el nuevo comandante, Remer. ¿Y ahora esos hombres marchan contra él?

—Eso es completamente imposible —dice quejumbroso.

Ante lo cual el alférez le pide que se acerque a la ventana y le muestra un camión lleno de soldados del Wachbataillon que pasa por delante de la casa en ese momento.

Goebbels se queda petrificado en el sitio. De pronto tiene claras las dimensiones de la Operación Valkyria.

—¿Qué hacemos? —exclama.

El alférez propone hacer venir de inmediato al mayor Remer.

—¿Podemos confiar en su comandante? —pregunta Goebbels.

El alférez asiente con decisión. No tiene duda alguna acerca de la lealtad de Remer hacia Hitler.

Goebbels ordena que se encuentre a Remer y que éste sea llevado hasta allí. Hay que explicarle lo antes posible que está actuando en favor de los conjurados. Al mismo tiempo alerta a las tropas de las SS del *Leibstandarte* Adolf Hitler en su cuartel de Lichterfelde, pero las SS aún no pueden actuar. Goebbels también tiene mucho que perder en el círculo interno del Führer y tampoco sabe quién está controlando la situación. En cualquier caso no tiene motivos para confiar en las SS más que en el ejército. Además cree que en ese momento quizás puede detener el plan de los resistentes de otras formas, sin que se libre una guerra civil en las calles. Apenas ha enviado al alférez a la búsqueda de Remer cuando suena su teléfono blanco.

Al otro lado de la línea se encuentra Hitler. El Führer ha sido informado de que la situación en Berlín es peligrosa y pregunta irritado qué ha ocurrido con el aviso radiado sobre su «salvación». Goebbels dice que aún está preparando un comentario que lo acompañe, pero Hitler no quiere oír nada de eso. La noticia debe emitirse de inmediato. Tras esa conversación, Goebbels llama a Albert Speer, el ministro de Armamento. ¿Podría éste venir a su casa? Aparentemente hay un golpe de Estado en marcha que hay que impedir a toda costa. Y él, Goebbels, tiende a reaccionar desmesuradamente en su excitación. El temperamento tranquilo de Speer puede ayudarlo a mantener la mente despejada. Speer acepta y está allí poco después.

Ahora esperan ansiosos noticias del mayor Remer.

—Todo depende de ese mayor —dice Goebbels—. Si se pone de nuestro lado, acabaremos con el levantamiento. Si no, entonces las cosas pintan mal.

Desde la ventana, Speer y Goebbels observan cómo los soldados saltan de los camiones y cierran la cercana Puerta de Brandenburgo al tráfico.

Después pasa por delante una nueva tropa que toma posiciones frente a la villa de Goebbels. Dos hombres fuertemente armados se separan del grupo, atraviesan la Hermann-Göring-Strasse y se apostan directamente a la entrada de la casa. En ese momento, el ministro de Propaganda decide que ya ha visto suficiente. Va a su dormitorio y se mete en el bolsillo dos ampollas de cristal llenas de cianuro potásico, el veneno de efectos inmediatos que sus médicos han preparado para él.

—Ahora no puede pasarme nada más —le dice a Speer.

Pero ¿dónde está Remer? No es posible encontrar al joven mayor tan rápidamente como el alférez había esperado. Se dice que ya está en el barrio del gobierno, controlando personalmente el acordonamiento. Aún tardará una hora en recibir el urgente mensaje de Goebbels.

Un oficial de comunicaciones que llega al despacho de Stauffenberg sobre las siete tiene la impresión de que el coronel sigue siendo optimista. En cualquier caso, Stauffenberg admite ahora ante otras personas por primera vez que ya no cree que la bomba haya acabado con Hitler.

—El tipo no está muerto, pero el asunto está en marcha; no se puede decir nada.

Pero esa confianza la muestra hacia fuera, pues también pregunta por qué no se han ocupado las oficinas de telégrafos y cómo puede ser que las emisoras de radio sigan emitiendo sin problemas. Su interlocutor contesta que los oficiales encargados de la ocupación de las emisoras están listos en la Stadtkommandantur, pero que no han recibido ninguna orden.

En la oficina de Stauffenberg hay un ir y venir continuo. Tan pronto está informando a tres comandantes de que Fromm ha renunciado y se encuentra en custodia preventiva, como ordena cursar mensajes. El teléfono suena sin cesar con preguntas procedentes de los distritos militares, de París hasta Praga. Deben enviarse nuevos télex y dictarse nuevas órdenes de movilización. Se reparten tarjetas de identificación para poder entrar y salir del edificio. Uno de los conjurados civiles propone enviar tropas de asalto y «mandar al paredón» al menos a Goebbels y Heinrich Müller, el jefe de la Gestapo. Stauffenberg encarga a un coronel que realice la detención, pero éste no puede llevarla a cabo por falta de tropas leales.

Berthold Stauffenberg, vestido con su uniforme azul de la marina, va de un lado a otro de la antesala sin descanso. No puede hacer nada más que observar la febril actividad de su hermano. Una secretaria trae unos platos fríos. También los otros conspiradores que han llegado a la Bendlerstrasse son poco más que meros comparsas. Su intervención empezará cuando los objetivos más importantes de la capital hayan sido controlados por las tropas.

Hacia las siete y media, el coronel general Beck se hace cargo de sondear la situación en Francia. ¿Mantendrá el líder militar de Francia, Stülpnagel, su promesa de actuar con determinación? Beck le pregunta si tiene noticias de los acontecimientos en Berlín y si se adhiere al golpe. Stülpnagel dice que sí a ambas cosas. Ya ha ordenado detener al *Sicherheitsdienst*, a las SS y a la Gestapo. Ésta es la mejor noticia que tienen hasta el momento. Por fin hay un comandante que actúa con la decisión necesaria. Por otro lado París está lejos, la situación de Berlín es más decisiva. ¿O no? Si el comandante en jefe del oeste, el mariscal de campo Von Kluge, se adhiere también al golpe de Estado y abre el frente a estadounidenses y británicos, podrían comenzar las negociaciones, de militar a militar. Y el nuevo gobierno alemán tendría quizá la oportunidad de mantener el frente oriental contra los rusos. En el círculo de los conjurados se sigue soñando con la «solución occidental», alimentada por la idea completamente ilusoria de quebrar la alianza entre los estadounidenses y británicos, y los rusos. Ése es el objetivo de Stülpnagel para visitar el cuartel general de Kluge en La Roche-Guyon e intentar convencerlo con un alegato apasionado.

Por poco que crea el realista Beck en un éxito en el oeste, debe intentar de todas formas ganar para la causa al voluble Kluge. Su llamada a La Roche-Guyon también llega, pero el mariscal de campo ya ha recibido la noticia de que Hitler sólo está levemente herido. Así que Beck no logra nada con sus promesas. Kluge habla vagamente y evita afirmaciones directas. Más tarde, cuando llegan Stülpnagel y Hofacker, llegará a incluso a negar cualquier conocimiento de los planes de la resistencia y a aconsejar a los golpistas que «desaparezcan como civiles en alguna parte». De nuevo es imposible lograr nada con el mariscal de campo, a quien Hitler suele llamar Hans el Listo.

En esos mismos momentos el mayor Remer ha controlado la movilización de su Wachbataillon en el barrio del gobierno. Todo está listo. Si tiene alguna duda acerca de su tarea, no deja que nadie se la note. Envía la noticia al *Stadtkommandant* Hase en Unter den Linden de que la misión ha sido llevada a cabo. A continuación escucha cómo Hase delibera en voz baja con un teniente coronel. Se trata de la detención de Goebbels. El teniente coronel desaconseja encarecidamente que se encargue de ello a Remer. Goebbels es el protector del Wachbataillon y sería demasiado pedir a la tropa de Remer.

En ese instante, el alférez, que está de regreso de casa de Goebbels, ha seguido el rastro de Remer hasta la *Stadtkommandantur*. Sin embargo ya no se atreve a entrar en el edificio. Supone que hay conspiradores por todas partes. Así que hace llegar un mensaje a Remer con su teoría: «¡La situación ha cambiado por completo! ¡Se trata muy probablemente de un golpe militar! ¡No se sabe nada más concreto, pero el comisario de la defensa del Reich le pide que se presente ante él tan rápido como le sea posible! Si no comparece ante él en veinte minutos, tendrá que suponer que lo están reteniendo por la fuerza. Entonces se verá obligado a alertar a las Waffen-SS.»

Remer ya no sabe qué hacer. Lleva al mensajero junto al *Stadtkommandant* Hase y le hace repetir la noticia. Después le pide permiso, con un riguroso respeto por la cadena de mando, para poder marcharse a casa de Goebbels. Hase se lo deniega, pues ve en ello un gran peligro para la operación.

—Remer, ¡usted permanecerá aquí!

Anteriormente, cuando los líderes de la resistencia debatieron sobre Remer y expresaron su preocupación sobre él, Hase afirmó que Remer era en primer lugar un soldado, y que obedecería como tal. Y ahora parece confiar en que así sea.

Remer se encuentra en un serio dilema y lo habla con su ayudante.

—Ahora está en juego mi cabeza —dice.

Aunque esté entregado a Hitler, eso no quiere decir que pueda confiar en Goebbels. Es incapaz de discernir quién está actuando según la voluntad del Führer y quién no. Así que camina indeciso delante del monumento de Unter den Linden. Finalmente decide hacer caso omiso de la orden de Hase y reunirse con Goebbels. No obstante, se lleva un grupo de soldados consigo para que lo esperen delante de la villa del ministro. Les dice que si no está fuera en un cuarto de hora, deben asaltar el edificio y liberarlo por la fuerza.

Aproximadamente a las siete menos cuarto está caminando, pistola amartillada en mano, por el jardín delantero de la villa de Goebbels hacia la puerta de entrada. Allí lo esperan con urgencia y le piden que entre de inmediato. Pregunta al ministro de Propaganda qué ocurre, pero éste responde que le gustaría saberlo de labios del propio Remer. El mayor describe las medidas que se han tomado como parte de la Operación Valkyria, pero omite por precaución lo que sabe de la planeada detención de Goebbels. A continuación éste pregunta, expectante, lo que piensa hacer el mayor. Remer responde que se siente ligado a su conciencia como oficial y a su juramento, aun cuando el Führer no siga con vida.

Con eso no había contado Goebbels. Mira a Remer, como éste contaría más tarde, completamente sorprendido.

—¿Cómo? —pregunta—. El Führer sigue con vida. Acabo de hablar con él. ¡El atentado fracasó! ¡Usted ha sido víctima de un engaño!

Ahora le toca a Ramer sorprenderse. Al principio apenas puede creerlo. Goebbels le pregunta si es nacionalsocialista, a lo que Remer dice que sí. En contrapartida le pide a Goebbels su palabra de honor de que está de lado del Führer incondicionalmente. En lugar de responder, Goebbels pide que le comuniquen con la Guarida del Lobo. Ve lo obsesionado que está el mayor con Hitler y quiere aprovechar la oportunidad. Tras un minuto, su conexión está lista, y para gran sorpresa de Remer, el propio Hitler acude al aparato. Goebbels le explica la situación en pocas palabras y después le pasa el auricular.

—Mayor Remer, escúcheme, ¿reconoce mi voz? —le dice Hitler.

—Así es.

A Remer se le pasa por la cabeza que se puede imitar la voz

de Hitler. Pero el hombre que está hablando suena exactamente como el que hace casi un año le otorgó la Cruz de Hierro con hojas de roble. Sus dudas desaparecen. Hitler, por su parte, no cuenta con que puedan pensar que es un imitador.

—Como puede convencerse, estoy con vida —le dice—. El atentado ha fracasado por obra de la Divina Providencia. Un pequeño grupo de oficiales ambiciosos, desleales y traidores ha querido matarme. Pero ahora tenemos a los saboteadores del frente. Acabaremos con esos insectos traidores, empleando si es preciso toda nuestra fuerza. Usted, mayor Remer, recibe de mí en este mismo instante plena autorización para actuar en Berlín y solamente es responsable ante mí y ante nadie más de restablecer de inmediato la paz y la seguridad en la capital del Reich. Se ocupará de este cometido hasta que el *Reichsführer* Himmler llegue allí y se haga cargo de su responsabilidad.

Así acaba la conversación. Al mayor Remer no le queda ninguna duda: ahora actúa bajo órdenes directas de Hitler. A petición de Goebbels, repite la conversación. El ministro le pide que establezca un puesto de combate en las habitaciones inferiores de la casa. Remer acepta y comienza al instante a enviar oficiales para detener a las tropas que se encuentran en marcha. Transmitirán el mensaje de Hitler, declararán inválidas las órdenes de los conspiradores y pedirán a todos los comandantes de la Hermann-Göring-Strasse que se sometan a la autoridad de Remer. La Operación Valkyria ha sufrido un duro golpe que acabará siendo mortal.

Pero las medidas continúan según el plan, tal como Stauffenberg había previsto. Los *Panzerpioniere* y *Panzerfunker* de Cottbus han ocupado la emisora Deutschlandsender de Herzberg según sus órdenes y otra compañía controla la emisora de Königswusterhausen. Los líderes del partido y de las SA del lugar, así como los SS-Wachen y las unidades de las SS estacionadas cerca de allí se han sometido sin resistencia a la orden del ejército. Pero hay cierta incertidumbre acerca de lo que hay que hacer a continuación; en cualquier caso, las tropas no están tomando las emisoras, que se encuentran en funcionamiento. La más importante es la emisora municipal de la Masurenallee. Ahora está ocupada por un batallón de cuatrocientos hombres de la escuela de infantería de Döberitz, y por tanto en manos de los conspiradores. Un mayor ha recibido la orden por teléfono desde la Bendlerstrasse y la ha ejecutado de inmediato. No ha habido ninguna resistencia, incluso la SS-Wache permaneció sentada y obediente. Ahora hay ametralladoras asegurando la entrada y lanzagranadas en el patio interior. La emisora está perfectamente segura ante un ataque desde el exterior. Pero Stauffenberg y sus compañeros, que esperan esta noticia con impaciencia, no saben nada de ello. El mayor recibió un número de teléfono de la Bendlerstrasse al que debía llamar para comunicar el éxito de la operación. Pero nadie responde.

Así que actúa por su cuenta y ordena al intendente suspender la emisión. Éste le muestra la sala de control principal, explicándole que está apagada. Una mentira absoluta. La sala de control ciertamente parece estar inactiva, pero sólo porque lleva mucho tiempo sin usarse. Para protegerla de los ataques aéreos, la emisora propiamente dicha no se encuentra en el edificio. Está en un búnker contiguo de reciente construcción. El aparato emisor sigue funcionando en ese momento sin ser interrumpido.

Sólo un oficial de comunicaciones con la debida formación podría haberse dado cuenta del engaño. Se espera que llegue uno a la emisora, pero de momento no aparece. Problemas para ponerse de acuerdo, oportunidades que se escapan por los pelos, fracasos en posiciones clave... Despacio pero sin pausa, los planificadores de la resistencia pierden el control.

Sin embargo, los golpistas aún tienen muchas esperanzas puestas en el poder de la radio. Se espera a un general con el discurso preparado, pero de momento está ilocalizable, y por desgracia sólo hay un ejemplar del manuscrito. El coronel general Beck está fuera de sí. Debe emitirse lo antes posible el anuncio del nuevo gobierno, de otro modo se deja el campo libre al odiado régimen. Así que hay que escribir un nuevo discurso. Beck suelta palabras clave al agente de la Abwehr Gisevius y éste las anota aplicadamente. Da igual lo que anuncie la propaganda del nacionalsocialismo, y da igual si Hitler está muerto o sigue con vida. Un Führer a quien querían asesinar sus propios oficiales y sus colaboradores más cercanos está muerto moralmente. Es hora de un nuevo comienzo para Alemania. Gisevius lo anota. Se sienta en la antesala de Stauffenberg, la larga «sala de los espejos», e intenta concentrarse. En la sala contigua está Stauffenberg al teléfono, ordena, anima y suplica a oficiales de todo el territorio del Reich que ejecuten el plan Valkyria. Entre medias comunica a Gisevius sus propias ideas y palabras clave. Éste pronto es incapaz de pensar con claridad.

Sigue sin haber comunicación entre la Bendlerstrasse y la emisora ocupada. Allí se emite ahora, una vez que Goebbels lo envió por fin, el anuncio preparado desde la Guarida del Lobo; delante de las narices de los guardias, pero sin que éstos se den cuenta. El anuncio es algo torpe en su redacción, confuso por la cantidad de nombres y sorprendentemente seco en su tono. Sin embargo contiene las decisivas informaciones que asestarán el golpe de gracia a la intentona.

«Hoy ha habido un atentado con un artefacto explosivo contra el Führer. Ha habido graves heridos en su entorno. El teniente general Schmundt, el coronel Brandt, el colaborador Berger. Los siguientes han sufrido heridas menores: el coronel general Jodl, los generales Korten, Buhle, Bodenschatz, Heusinger y Scherff, los almirantes Voss y Von Puttkamer, el capitán de la *zur Marina* Assmann y el teniente coronel Borgmann. El mismo Führer ha sufrido ligeras quemaduras y contusiones, pero ninguna herida. Ha vuelto al trabajo en el acto y, como estaba previsto, ha recibido al Duce, con quien ha mantenido una larga conversación. Poco después del atentado, el *Reichsmarschall* se presentó ante el Führer.»

No puede reconstruirse con exactitud el momento preciso en el que pudo oírse esta noticia en Berlín, pues los recuerdos de los testigos se contradicen. Sí está claro que se repite constantemente y pasa por todas las agencias de noticias: por el servicio nacional de la *Deutsches Nachrichtenbüro*, de donde lo captan el servicio de escucha de los ingleses, por el servicio alemán de la Deutsches Rundfunk, por el servicio telegráfico para el Extremo Oriente, en lengua inglesa por el Afrikadienst, después en turco, árabe, etc. Se anuncia, con música de Wagner, un discurso personal del Führer para más tarde. Al parecer se emitirá esa misma noche.

Para muchos soldados que están formando parte de la operación Valkyria, este anuncio o el simple rumor de éste, que se extiende como la pólvora por la tropa, significa el fin de la obediencia hacia las órdenes que llegan de la Bendlerstrasse.

Otros creen en una mentira. Por ejemplo, Henning von Tresckow, el primer estratega de la operación, escucha la noticia en Polonia, en el Grupo de Ejércitos Centro. Antes de ello ha recibido una llamada del coronel Merzt von Quirnheim desde Berlín: el atentado que planeó durante tanto tiempo ha tenido éxito por fin con Stauffenberg. Tras el anuncio por radio, Tresckow sigue creyendo en el éxito de la resistencia y supone que es una mentira de urgencia de los fieles a Hitler. Se desconcertará cuando poco después llegue al Grupo de Ejércitos el decreto de la Guarida del Lobo de no aceptar ninguna orden más desde Berlín.

Nina von Stauffenberg está en el jardín de la residencia familiar de Lautlingen y disfruta de la tarde de verano. Sus hijos aún no lo saben, pero vuelve a estar embarazada y se encuentra en el cuarto mes. Tras el ajetreo del viaje, la calma le sienta bien. El viaje en tren con equipaje y niñera, una parte en segunda clase, y la otra parte en tercera, supone siempre un gran reto. Mika, su cuñada, de cuarenta y cuatro años y mujer de Berthold, está con ella. Mika y sus dos hijos, Alfred y Elisabeth, acaban de llegar también a Lautlingen desde Berlín. Las vacaciones de verano son la época de volver a casa. Los niños corren por el patio y la casa, fascinados por el reencuentro de sobrinas y sobrinos, y de los queridos parientes: la abuela a quien llaman Duli, el tío abuelo Nicholaus von Üxküll-Gyllenband, la tía abuela. El tranquilo valle invita a Nina y Mika von Stauffenberg a olvidar un poco el miedo que sienten. Promete ser un verano espléndido.

En ese momento llega una de las jóvenes criadas. Estaba escuchando la radio e informa sin aliento de que ha habido un atentado contra el Führer. Las dos mujeres se miran asustadas, pero no dejan que se les note nada. Sólo cuando están de nuevo solas, Nina encuentra palabras para describir la noticia: «¡Así que lo han hecho!»

Saben que sus maridos tienen que ver con el asunto. Solamente eso ya es peligroso. Pero no tienen ni idea de quién ha activado la bomba, de lo desesperado de la lucha por el poder en Berlín ni de lo que están haciendo Claus y Berthold en ese momento. Esa misma tarde, Nina verá que no puede hacer otra cosa sino esperar. Al igual que los demás, se irá a la cama y se quedará dormida, a pesar de su preocupación, antes de que acabe el drama del 20 de julio.

En Berlín, Claus von Stauffenberg tampoco se deja consternar por el anuncio radiado. Llama al instante a una secretaria a su despacho y comienza a dictar un nuevo y breve télex. «El comunicado emitido por radio no se corresponde a la verdad. El Führer ha muerto. Las medidas ordenadas deben llevarse a cabo con la mayor velocidad posible.» Como remitente escribe: «Jefe del Ejército de Reemplazo y comandante en jefe del mando del Interior.» Cuando el papel sale de la máquina de escribir y es presentado ante Stauffenberg para que lo firme, éste emplea la abreviatura de su nombre «St». Dos letras apresuradas que muestran el apremio desesperado de ese momento.

El teléfono sigue sonando sin descanso. Llaman altos oficiales de toda Alemania y de los territorios ocupados preguntando por Valkyria, les extraña el anuncio radiado, y tienen en la mano contraórdenes provenientes de la Guarida del Lobo. Stauffenberg intenta mantenerlos de su parte con determinación, siempre actuando formalmente al servicio de Fromm. Otto John, testigo presencial, describe como actuaba: «Aquí Stauffenberg, así es... [...] siguen vigentes... llevar a cabo todas las órdenes... Deben ocupar de inmediato todas las estaciones de radio y de comunicaciones... se eliminará cualquier resistencia... probablemente reciba contraórdenes desde el cuartel general del Führer... no están autorizadas... la Wehrmacht ha recibido autoridad plena... [...] ¿lo ha entendido? Así es... el Reich está en peligro... como siempre ocurre en los momentos de mayor necesidad, el soldado tiene la autoridad absoluta.. sí, Witzleben ha sido nombrado comandante en jefe... ¿Está claro? *Heil*!»

Todos los testigos que vivieron la energía y actividad de Stauffenberg en esos momentos nunca lo olvidarán.

—¡Es el momento de que el oficial se haga valer! —exclama al teléfono.

Quien marca el número de la Bendlerstrasse y pregunta por Fromm habla con Stauffenberg. Éste pasa de un aparato al otro sin descanso, apenas puede contestar todas las preguntas. Mientras tanto, muchos de los que deberían ayudarlo se quedan sin hacer nada a su alrededor.

El coronel pelea por cada aliado. Cuando llega el aviso de que el mayor Remer se ha puesto del lado de Hitler, ordena su neutralización inmediata, sólo faltan las tropas leales que lo lleven a cabo. Unas veces habla con un duro tono imperativo, otras de forma melosa, otras apela a la amistad y a la camaradería.

—¿Verdad que puedo fiarme de usted...? Debe aguantar... Ocúpese de que su jefe permanezca fuerte... Confío en usted... Por favor, no me decepcione usted también... ¡¡Debemos aguantar!!

Y sin embargo seguro que en ese momento siente que la lucha será en vano. En trece de los veintiún distritos militares no ha habido ninguna reacción clara. Por un lado están las contraórdenes de Keitel, por otro hay comandantes que han decidido no hacer nada. En Praga hay una especie de acuerdo para no molestar a los líderes nazis; en Viena se han implementado temporalmente las órdenes Valkyria, pero no van más allá de una espera conjunta y de una discusión acalorada. Sólo París da esperanzas a Stauffenberg. Allí se prepara seriamente la detención de los grupos de las SS y de la policía: 1.200 hombres y sus líderes quedarán en manos del ejército. Los juristas del Estado Mayor ya han elaborado acusaciones escritas por deportaciones de judíos, la voladura de la sinagoga de París y otros crímenes. Los tribunales están preparados y en el patio de la École Militaire se apilan sacos de arena para los pelotones de fusilamiento...

Otra de las medidas que toma Stauffenberg es llamar al Grupo de Ejércitos Norte, que se encuentra en grave peligro. Sigue amenazado con verse arrollado por el Ejército Rojo. Hitler niega desde hace semanas la orden de retirada. Stauffenberg le dice al jefe del Estado Mayor del Grupo:

—Para el nuevo gobierno, la salvación de la provincia oriental del Reich depende [...] de que el Grupo de Ejércitos retroceda de inmediato.

Después le pasa el auricular al coronel general Beck, quien confirma la orden como jefe de Estado. Pero no pasa de ser una acción simbólica. Las tropas ya han sido informadas desde hace tiempo de que las órdenes de la Bendlerstrasse no tienen ninguna validez.

Los subordinados de Hitler en Berlín pueden contemplar ahora cómo el golpe de Estado se desmorona lentamente. En la Escuela de Infantería de Döberitz los oficiales no saben qué hacer, las preguntas vienen y van, y entonces llega el anuncio de que Hitler está vivo. Las unidades esperan en pie de marcha, pero no se mueven. Finalmente lo hacen pero después son detenidas. En la escuela de tropas acorazadas de Krampnitz, un coronel exclamó tras recibir el primer anuncio de la Operación Valkyria: «¡Ayudante, una botella de champán, el cerdo ha muerto!» Pero después se retrasa la salida de los Panzer, luego llega una llamada desde el cuartel general del Führer diciendo que las órdenes no son ciertas. Por tanto, otro comandante acude con varias unidades a la Bendlerstrasse, habla con Olbricht y Mertz y rehúsa seguir sus órdenes. Puesto que se empeña en que sólo está bajo las órdenes del inspector general del arma acorazada, de quien hace tiempo que no llegan noticias, los Panzer son durante un tiempo un factor de incertidumbre para ambos bandos. En la escuela de armeros del ejército de Treptow, cuyos hombres están a cargo de la ocupación del Palacio de Berlín, están listos para partir en dos compañías, pero faltan los camiones para el transporte. En su lugar, los soldados viajan en tranvía a la ciudad, pero el batallón de guardia del mayor Remer ya ha acordado todo. Los armeros intentan llevar a cabo su tarea de algún modo y hay disputas con el batallón de guardia, aunque no enfrentamientos armados. Al final ven que no tiene sentido continuar intentándolo.

Los artificieros del ejército de Lichterfelde se movilizan sólo parcialmente porque deben vigilar el vecino cuartel del *Leibstandarte* Adolf Hitler de las SS, el cual ha sido alertado por Goebbels. Una tropa de asalto recibe del *Stadtkommandant* Hase la orden que no comunicó al mayor Remer: ocupar el ministerio de Propaganda y detener a Goebbels. El capitán que debe llevar a cabo la orden consigue llegar hasta Remer con algunas dificultades. Éste le explica la situación tranquilamente, hace referencia a su orden directa del Führer y exige obediencia. Ante esto, el capitán abandona su tarea, se pone bajo las órdenes de Remer y refuerza con su tropa el cercano zoológico. Un nuevo intento de Stauffenberg por lograr que Goebbels pase a manos del ejército fracasa desde el comienzo debido a que la tropa de refuerzo ya recibe órdenes de Remer.

En su puesto de mando provisional en la villa de Goebbels, el mayor Remer recibe afirmaciones de lealtad de los líderes de las distintas tropas, quienes se ponen a sus órdenes sin replicar. La noticia de que Hitler sigue vivo ha llegado a todas partes. En muchos casos, los interlocutores de la Bendlerstrasse ya no están disponibles. Incluso aquellos oficiales que horas antes se alegraban por la falsa noticia de la muerte del Führer reconocen ahora que no tiene sentido continuar con el golpe de Estado. Remer deja en el jardín de Goebbels una fuerte reserva de asalto, y el ministro, obsesionado como siempre por la propaganda, da un discurso ante los hombres con Remer a su lado. El efecto se deja notar. Si fuera necesaria una intervención armada contra los golpistas, esos soldados actuarían como les corresponde.

A eso de las ocho de la noche, cuando prácticamente todo ha acabado, llega el mariscal de campo Witzleben al edificio de la Bendlerstrasse. Antes ha estado en Zossen, a las puertas de Berlín, donde se encuentra el centro de mando de la Wehrmacht, cuya dirección debía tomar según los planes de la resistencia. Sin embargo allí solamente encuentra oficiales que ya han abandonado la lucha. Enojado por tanto caos e incertidumbre, ha vuelto a Berlín. Cualquiera puede oír que la radio no está en manos de los conspiradores, y, como experimentado comandante, sabe de inmediato que las tropas de la ciudad no están con la resistencia. Busca a Stauffenberg con rostro sombrío y pide un informe inmediato. Stauffenberg describe la situación, tan combativamente como está lo permite.

«Bonita porquería», dice Witzleben con sequedad. Pregunta dónde está su superior; como militar de más alto rango del golpe, es subordinado de Beck, el jefe de Estado civil. Es llevado ante él y ambos desaparecen en las habitaciones de Fromm. Desde fuera pueden oírse palabras de irritación. Poco tiempo después llaman a Stauffenberg para que entre. Witzleben le cubre de reproches mientras golpea la mesa con el puño. Stauffenberg afirma que el anuncio de que Hitler sigue vivo es mentira, pero Witzleben se niega a creerlo. Beck repite su opinión de que, independientemente de las circunstancias reales, para él Hitler está muerto. Witzleben pregunta qué se supone que tiene que hacer cuando ni siquiera tiene tropas leales a su disposición y dice que no quiere tener nada más que ver con un asunto sin porvenir como ése. Tras un largo debate, el anciano mariscal de campo tiene suficiente. Se levanta, sale iracundo de la habitación y afirma que regresa a casa y que no va a volver. Nadie se atreve a detenerlo.

Cuando a eso de las diez el *Stadtkommandant* Hase se entera de que Remer está del lado del régimen, que ha montado su centro de mando en casa de Goebbels y que ha recibido plenos poderes de Hitler, sabe que ha perdido. Accede al requerimiento de Remer de acudir a casa de Goebbels e intenta con todas sus fuerzas borrar su rastro. Agradece a Remer su intervención y también afirma ante Goebbels que no sabía nada del mal uso del plan Valkyria. Éste no lo cree, pero no se lo hace saber, sino que exige a Hase que permanezca en la casa para poder volver a preguntarle. Le sirven de comer y Goebbels incluso le pregunta si prefiere beber vino del Rin o del Mosela. Así disimulan los adversarios durante un tiempo, mientras uno planea una sangrienta venganza y el otro se prepara para un amargo final. Más tarde la Gestapo se llevará a Hase.

A pesar de todo, Remer y Goebbels aún no saben que los líderes de la conspiración se encuentran en la Bendlerstrasse. De hecho, el mayor incluso retira a sus hombres de allí. Esto tiene como primera consecuencia que los resistentes deban ocuparse ellos mismos de la vigilancia de su central.

Sobre las diez y cuarto Olbricht reúne en su despacho a los oficiales de la Oficina General del Ejército. Les encarga la protección del edificio. El teniente coronel Franz Herber pide más unidades, pero Olbricht sólo responde que se trata de mantener la paz y el orden, y que deben cumplirse todas las órdenes.

—Señores míos —dice—, llevamos mucho tiempo contemplando los acontecimientos con gran preocupación. Sin ninguna duda, ha comenzado una catástrofe. Debían tomarse medidas para atajar este asunto. Y estas medidas han llegado a su puesta en marcha. Les pido que me apoyen.

Y así da por concluida la reunión.

El teniente coronel Herber, responsable de logística y munición en la Oficina del Ejército, recibió órdenes por la tarde del coronel Mertz y ha ayudado en la aplicación del plan Valkyria. Además ha hecho traer armas a la Bendlerstrasse para poder defender el edificio. Sin embargo, sus compañeros y él se encuentran alarmados. Discuten en el pasillo lo que deben hacer ante la vaga información dada por Olbricht. Está claro que se intenta un golpe de Estado, pero los reconcome que a estas alturas no los incluyan en la conspiración. Sin embargo la estrategia de Olbricht es obvia: rechaza convertir en conspiradores a más hombres ante lo desesperado de la situación.

Herber y sus compañeros deciden, tras un corto debate, salvar sus propias cabezas si es posible. Quieren conseguir hablar con el hombre a quien reconocen como legítimo superior, pero que no se ve por ninguna parte: el coronel general Fromm. Para ello están dispuestos a la violencia y se arman con pistolas, fusiles, metralletas y granadas de mano.

Otto John, encargado de las cuestiones de política exterior se está despidiendo en esos instantes. La situación es demasiado confusa, no podrá hacer nada razonable antes de la mañana siguiente. Al salir se encuentra con Von Haeften, el ayudante de Stauffenberg, y le dice que llamará al día siguiente a las ocho.

—Quizá entonces ya nos hayan colgado a todos —responde Haeften con sequedad, después sonríe y dice—: Adiós.

A continuación, Haeften da indicaciones al chófer Schweizer, que también está en el edificio, para que prepare un coche de huida. John logrará salir airoso.

Un jefe de compañía lleva por fin a Remer la noticia, cerca de las diez y media, de que ha concluido que la sede de los conspiradores está en la Bendlerstrasse. Lo llevan de inmediato ante Goebbels, quien llama de nuevo a Hitler y pide permiso para asaltar de inmediato el Bendlerblock. La orden es dada y las tropas del Wachbataillon parten de nuevo.

La tropa de los oficiales de la Oficina del Ejército leales al régimen, liderados por Herber, regresan entretanto al despacho de Olbricht. En el pasillo se encuentran a los jóvenes auxiliares de la resistencia, los cuales no pueden hacer nada y son desarmados. Los oficiales entran a continuación en el despacho de Olbricht y exigen una respuesta directa a sus preguntas: ¿Sigue Hitler con vida o no? ¿Las medidas ordenadas van en contra del Führer? Olbricht responde que hay informes contradictorios y que no puede decir más. Al oír eso, Herber se enfurece. Le dice a Olbricht que no saldrá de la habitación y exige hablar con el coronel general Fromm de inmediato. En ese momento entran Mertz y Stauffenberg. Herber intenta detenerlos también. De pronto Stauffenberg se lanza hacia la puerta y es seguido por Herner y un mayor. Se forma un tumulto. Stauffenberg consigue escapar al pasillo y los otros se precipitan tras él. En el pasillo se producen disparos, el capitán Klausing dispara sobre Herber. Stauffenberg sujeta su pistola belga bajo el muñón, la carga con su mano izquierda y dispara. Después es alcanzado en el brazo izquierdo. Por el pasillo se extiende un charco de sangre.

El tiroteo acaba tan rápido como ha empezado y es sobre todo un signo de los nervios a flor de piel que tienen todos. Nadie tiene la intención de resolver la situación en un combate cuerpo a cuerpo. En primer lugar dejan descansar al herido Stauffenberg. Herber y su gente acuden al despacho de Fromm, donde encuentran entre otros al coronel general Beck y a Werner von Haeften. El joven teniente está de cuclillas en el suelo, quemando papeles. Herber exige hablar con Fromm. Finalmente alguien dice que Fromm está en su vivienda oficial y que pueden encontrarlo allí. Herner envía a un capitán.

Stauffenberg sangra profusamente y se ha sentado en la antesala de Fromm. Se ha retirado el parche negro que cubre su ojo derecho. Los presentes se asustan al ver la cuenca del ojo vacía. Pide una comunicación con su primo Hofacker, en París, pero sólo está el jefe del Estado Mayor de allí. Las noticias desde París siguen siendo buenas. Han detenido a las SS y a la policía, así como a sus máximos oficiales. Más de mil hombres se encuentran en prisión. Pero Stauffenberg ha perdido la fe y dice a los parisinos que todo ha acabado.

—Ya oigo a los esbirros por el pasillo —dice antes de colgar.

—Todos me han dejado en la estacada —afirma ante la secretaria.

La expresión de su cara es desconsoladora. También el firme Olbricht hace balance en su despacho.

—Stauffenberg era nuestro *Têtenreiter* —le dice a su yerno, un oficial de la *Luftwaffe* que acudió a la Bendlestrasse por la tarde para apoyarlo. Emplea la palabra que se estila en caballería para designar al hombre que lidera la formación en doma clásica—. Uno nunca deja a un *Têtenreiter* en la estacada.

Herber, que continúa dando las órdenes, reúne a los conspiradores en el despacho de Fromm. Les declara a todos detenidos. Llegan las unidades del Wachbataillon. Todo el complejo de edificios es acordonado y los guardias de las entradas detenidos. Sin embargo, cuando los hombres de Remer penetran en el interior, comprueban que Herber ya se ha hecho con el control.

El capitán que había sido enviado a buscar a Fromm asciende por una oscura escalera de madera de roble que no deja de crujir hasta llegar al tercer piso de la Bendlerstrasse. No encuentra ningún guardia delante de la puerta, sólo al consternado ayudante cojo del coronel general. Éste dice que su jefe está en la vivienda y que intenta escuchar la radio. Se oyen unos pasos cerca de la puerta y el ama de llaves de Fromm mira fuera.

—Por favor, ¿podría hablar con el coronel general? —pregunta el capitán como si se tratase de una visita de cortesía y la mujer no tuviera los ojos fijos en el cañón de una metralleta.

Su rostro desaparece y nada ocurre durante un instante. Después reaparece la mujer y pide al visitante que entre.

Fromm se encuentra en el pequeño recibidor de la vivienda. El capitán se disculpa por su entrada marcial y dice que Fromm puede considerarse un hombre libre. Éste le estrecha la mano emocionado y le agradece que haya venido.

—Le mostraré lo que está pasando —dice Fromm.

Juntos descienden la escalera. Por el camino se encuentran a un teniente coronel del Wachbataillon a quien Fromm conoce. Acaba de llegar del exterior y anuncia que una compañía está acordonando el edificio.

Cuando Fromm regresa a su despacho cerca de las once, en las salas de alrededor se apiñan ya docenas de oficiales para seguir a través de las puertas los dramáticos acontecimientos. Entre ellos está Berthold von Stauffenberg. Los detenidos están calmados, la hora de luchar ya ha pasado.

—Bien, señores míos —dice Fromm—. Ahora haré con ustedes como ustedes han hecho conmigo hoy a mediodía.

Algunos de los presentes tienen la impresión de que está profundamente enfadado, como si un sentimiento de venganza impregnara su voz.

—Ahora entregarán sus armas —anuncia—, y serán acusados de alta traición. Han sido descubiertos en flagrante acto. Vamos a someterlos a un consejo de guerra.

Así pues, entregan sus armas: El coronel Claus von Stauffenberg, entero. El coronel *Ritter* Mertz von Quirnheim, con silencioso desprecio. El general Friedrich Olbricht, señalado por la dura lucha por el poder. El teniente Werner von Haeften, terco y dispuesto a pelear. El coronel general retirado Hoepner, que sigue sin sentirse completamente parte de la conspiración; y el coronel general Beck, cuyo rostro parece más triste que nunca.

—A mí, su antiguo superior, no pretenderá exigirme eso —responde Beck tranquilamente a Fromm—. Yo mismo pondré remedio a esta infeliz situación.

Pide por tanto poder guardar su pistola para «uso privado». Fromm se lo permite. Entonces hace salir a todos los espectadores, excepto a dos oficiales y hace cerrar las puertas.

Cuando Beck comienza a decir algo más sobre los viejos tiempos, Fromm lo interrumpe bruscamente:

—No queremos desempolvar eso. Pido que actúe.

Beck enmudece. Se sienta de medio lado en un sillón y levanta la pistola a la altura del cráneo. Después aprieta el gatillo, se estremece y la sangre corre por su sien, pero no está herido de muerte. Stauffenberg se acerca a él y le ofrece apoyo. Beck alza la pistola trabajosamente una segunda vez y vuelve a disparar. Entonces se desploma y el arma se le cae de las manos. Lo sacan fuera, pero sigue sin estar muerto.

El coronel general Hoepner pide no ser sometido a consejo de guerra. Dice que estaba implicado sólo marginalmente y espera poder comparecer ante un tribunal ordinario. Escribirá de inmediato una declaración. Fromm accede y le ofrece su escritorio.

Acto seguido Olbricht pregunta si puede escribirle unas líneas a su mujer. La frialdad cortante de Fromm se desvanece durante un momento.

—Vaya a la mesa redonda —le dice—, en la cual siempre se ha sentado frente a mí.

En la habitación se oye el rasgar de dos plumas, los camiones que ruedan abajo llenos de soldados y los pasos de las botas en el pasillo. Stauffenberg, Mertz y Haeften esperan su destino inmóviles y en silencio. El tiempo parece detenerse.

—Señores míos, ¿han acabado? —pregunta Fromm tras una eternidad—. Por favor, dense prisa para no hacérselo más difícil a los demás.

Entonces sale de la habitación. Una vez fuera ordena a un oficial del Wachbataillon, que forme un pelotón de fusilamiento de diez suboficiales. El pelotón estará al mando de un alférez y tomará posición en el patio. Es medianoche. El 20 de julio de 1944 ha acabado. Con él muere la esperanza de detener la locura de un hombre y de un sistema que continuará durante diez meses, diez meses en los que enviará más vidas humanas a la muerte que en todos los años de guerra anteriores.

Cuando Fromm regresa, los soldados y oficiales entran tras él en la habitación. Apenas ha estado fuera cinco minutos. El gigantesco oficial emplea ahora un brusco tono formal.

—En nombre del Führer, una corte marcial excepcional formada por mí ha emitido un veredicto. El coronel del Estado Mayor Von Mertz, el general Olbricht, el coronel cuyo nombre no quiero nombrar, y el teniente Von Haeften han sido condenados a muerte.

En la estancia reina un silencio absoluto. Es ahora cuando está claro que la situación, por otro lado dramática, roza el absurdo. Ya el anuncio de un consejo de guerra excepcional debe de haber parecido apresurada y exagerada a los presentes. Fromm habría seguido las normas con una simple detención y con la entrega de los conspiradores al Wachbataillon. Está actuando en contra de lo establecido, de manera irracional y vengativa. Es cierto que se contempla este tipo de consejo de guerra en casos de «ataques físicos contra un superior» y «sublevación». Pero es algo pensado para el frente, cuando hay peligro en caso de demora, e incluso en ese caso actúa la burocracia militar alemana. Debe formarse un organismo sentenciador con varios oficiales que realicen un proceso rápido, pero formal y reglado. En el corto espacio de tiempo en que Fromm ha estado fuera de la habitación es imposible que haya sucedido todo eso. Y tras las investigaciones posteriores no se encuentra a nadie que haya formado parte de esa supuesta «corte marcial».

Fromm quiere hacer fusilar lo antes posible a los conspiradores sin ninguna base legal. Pero ¿por qué? Su comportamiento en esos momentos es contradictorio. Fluctúa continuamente entre la sed de venganza y un asomo de clemencia. Quizá su «veredicto» tenga incluso algo de las dos cosas. El sentimiento de que en estos últimos minutos debe saldar una afrenta personal y la certeza de que, de esta forma, sus antiguos camaradas no caerán en manos de los secuaces de Himmler. Su comportamiento lo daña, de eso es consciente. La Gestapo espera ya poder sacar mediante tortura hasta el último detalle de los detenidos. En el *Volksgerichtshof* está preparado ya el infame juez Roland Freisler para gritarles y humillarlos sin descanso, y Hitler también se alegrará particularmente del sufrimiento de sus enemigos. En ese momento Fromm está actuando por cuenta propia y solo.

Hasta entonces, Stauffenberg ha permanecido en silencio y furioso. Ahora dice que él tiene toda la responsabilidad única por el golpe de Estado y que los demás han seguido sus órdenes como soldados. Un intento noble, pero precisamente por eso poco convincente, ya que Olbricht es de mayor rango, y Mertz tiene el mismo grado que Stauffenberg. Fromm ni siquiera responde, sino que se aparta a un lado y deja libre el paso para que salgan. Los cuatro «condenados» salen de la habitación en silencio, cruzan la antesala, pasan por delante de la ventana de un patio de luces y llegan al pasillo. Van escoltados por soldados. A continuación descienden lentamente las escaleras hacia el patio. Sus pasos resuenan sobre los escalones de mármol desgastados por las botas de tantos soldados. El joven Haeften vuelve a enfurecerse en la escalera. Es agarrado e intenta durante un corto instante soltarse. Cuando los prisioneros llegan al patio, vuelve a estar calmado.

Fromm no sigue a los hombres a los que acaba de enviar a la muerte. Habla con el prisionero que queda, el coronel general Hoepner, nuevamente a solas. «Como persona y viejo amigo», le promete el traslado a la prisión de la Wehrmacht. Mientras en el patio se ejecuta su brutal orden, aquí vuelve a mostrar su lado sentimental. Después regresa a su despacho y comienza a dictar un breve télex.

Cuando los cuatro condenados salen al patio, quedan bañados por una luz cegadora. Innumerables faros de coche apuntan al patio, a la salida y a todo el edificio. En el Berlín oscurecido como protección antiaérea, el Bendlerblock reluce como el día y su brillo llega hasta la Tirpitzufer y más allá del zoológico. Es una visión surrealista. Los prisioneros son llevados a un montón de arena que casualmente se encuentra en la parte delantera del patio debido a una obra. Deben adelantarse de uno en uno. Después ocurre de manera rápida y sin ceremonias. El primero de la fila es el general Olbricht. La salva de disparos suena y él cae hacia atrás sobre la arena. El siguiente es el coronel Claus von Stauffenberg. Grita una frase que resuena por todo el patio y que oyen muchos de los presentes. Sin embargo, a día de hoy no hay acuerdo sobre lo que dijo. Tres testigos creen haber oído: «Viva la santa Alemania», entre ellos el chófer de Stauffenberg, el leal Schweizer. Otros oyen la «sagrada Alemania», y otros la «secreta». Lo que es seguro es que Stauffenberg grita por una Alemania mejor contra el Estado injusto que lo está sentenciando. Por un país por el que ha arriesgado su vida.

Cuando suenan los disparos, el teniente Werner von Haften se lanza delante de Stauffenberg y es alcanzado por las balas, mientras que el coronel sigue en pie. La siguiente salva lo derriba. El último es el coronel Mertz von Quirnheim. Pasa media hora de la medianoche.

Hacia esa hora se coloca en la emisora de Königsberg el disco que Hitler grabó por la tarde en la Guarida del Lobo con ayuda de un vehículo de grabación. El discurso, anunciado desde hace horas, comienza y transcurre entre ruidos y crujidos por todas las emisoras de la Grossdeutscher Rundfunk.

—¡Compañeros y compañeras del pueblo alemán! No sé cuántas veces se han planeado ya atentados contra mí que luego se han llevado a cabo. Si hoy les estoy hablando es por dos razones: La primera: para que oigan mi voz y sepan que estoy indemne y sano. La segunda: para que sepan de un crimen que no tiene igual en la historia alemana.

»Un pequeño grupo de ambiciosos oficiales sin escrúpulos y a la vez criminales y estúpidos ha urdido un complot para eliminarme a mí y, conmigo, exterminar a la vez a todo el Estado Mayor de la dirección de la Wehrmacht. La bomba colocada por el coronel von Stauffenberg detonó a dos metros a mi derecha. Hirió gravemente a varios de mis fieles colaboradores, uno de los cuales ha muerto.

En ese momento sale el télex de Fromm de la central de comunicaciones de la Bendlerstrasse hacia la cúpula de la Wehrmacht y las oficinas administrativas del Ejército de Reemplazo. «Intento de golpe por parte de irresponsables generales eliminado sangrientamente. Varios líderes fusilados», así dice el mensaje y continúa: «He vuelto a recuperar el mando tras haber sido detenido a punta de pistola. Fdo. Fromm, coronel general.»

Cuando el propio Fromm desciende al patio, los cadáveres de los sentenciados ya han sido lanzados sobre la caja de un camión. Fromm da una orden para que se los entierre de inmediato y sin ceremonias, sin esperar a las instancias civiles. Como lugar de entierro designa la Matthäi-Kirche en Tiergarten, que sólo está a dos calles del Bendlerblock. Entonces le informan de que el coronel general Beck, que se suicidió con su propia arma, aún lucha con la muerte en una de las salas superiores. Fromm da la orden de que se le dé el tiro de gracia. Esto ocurre y el cadáver de Beck es cargado escaleras abajo. Allí deja un rastro de sangre y a continuación es lanzado con los otros muertos sobre el camión. Fromm recibe el informe de la ejecución de la sentencia y lanza un *Heil* al Führer.

La voz de Hitler sigue sonando en las radios del pueblo alemán y también en las salas de la Bendlerstrasse.

—Yo mismo estoy completamente indemne excepto por algunas contusiones, desolladuras y quemaduras. Acojo como signo de la Providencia que debo continuar con mi tarea vital como lo he hecho hasta ahora. Pues puedo afirmar con júbilo, ante la nación entera, que desde el día en que entré a la Wilhelmstrasse, sólo tenía un único pensamiento, cumplir mi labor en la medida de mi conocimiento y capacidad, y que, desde que tuve claro que la guerra era inevitable y que no podía seguir postergándose sólo he conocido preocupación y trabajo. ¡Que durante innumerables días y noches en vela sólo viví por mi pueblo!

»En un momento en el que los ejércitos alemanes están en una difícil situación, al igual que en Italia también en Alemania, ha habido un pequeño grupo que creía poder clavar el puñal por la espalda como en el año 1918. Pero esta vez se han equivocado por completo. Quiero rechazar en este instante las afirmaciones de los usurpadores de que no sigo con vida, puesto que os estoy hablando a vosotros, mis queridos compañeros del pueblo. El círculo formado por los usurpadores es más pequeño de lo que pueda pensarse. No tiene nada que ver con la Wehrmacht y sobre todo tampoco con el ejército alemán. Se trata de un pequeño grupo de elementos criminales que ahora está siendo eliminado sin piedad. Por ello ordeno en este momento:

»En primer lugar que ninguna autoridad civil acepte ninguna orden que provenga de una dependencia en poder de los usurpadores.

»En segundo lugar que ninguna instancia militar, ningún comandante ni ningún soldado obedezcan ninguna orden de esos usurpadores. Que, al contrario, todos están obligados a detener de inmediato al transmisor o al emisor de tal orden o de eliminarlo si opone resistencia.

»Para lograr un orden definitivo, he nombrado jefe del *Heimatheer* al ministro del Reich Himmler. He llamado al Estado Mayor al coronel general Guderian para reemplazar al jefe del Estado Mayor, que se encuentra indispuesto por una enfermedad, y he nombrado su ayudante a otro comandante acreditado del frente oriental.

»En el resto de instancias del Reich no ha cambiado nada. Estoy convencido de que con la aparición de este pequeño grupo de traidores y conspiradores se creará en la retaguardia de la patria la atmósfera que necesitan los combatientes en el frente. Pues es imposible que allí haya cientos de miles y millones de valientes dándolo todo mientras que en casa un pequeño grupo de ambiciosas criaturas miserables intentan acabar con esa actitud. Esta vez se ajustarán las cuentas como solemos hacer como nacionalsocialistas.

En ese momento llega también el mayor Otto Ernst Remer al lugar de los hechos. Hace poco acaba de llegar a casa de Goebbels el aviso de que los soldados de su Wachbataillon están llevando a cabo fusilamientos en el patio de la Bendlerstrasse.

—Probablemente estén eliminando conspiradores con valiosa información —ha dicho Goebbels de inmediato—. ¡Hay que impedirlo a toda costa!

Remer se pone en camino al momento para acabar con la acción asesina. Como su coche no está disponible, Speer le ofrece llevarlo personalmente en su coche deportivo. Remer se sorprende grandemente ante esta oferta de todo un ministro, pero acepta agradecido.

Cinco minutos a través de un Berlín a oscuras se encuentran ante el iluminado Bendlerblock. Ante la gran entrada de la Bendlerstrasse se encuentran al jefe de la Oficina Central de Seguridad del Reich, que ha empezado con la investigación, y a un *Stürmbannführer* de las SS especialmente duro y lleno de cicatrices que está tomando el control junto a sus tropas. Himmler le ha dado la orden de que le sea entregado con vida el grupo de conspiradores. Sin embargo, los cadáveres de los sentenciados, cuyo rápido final ahora incluso parece piadoso, ya han sido transportados. Han escapado a las garras de las SS por unas pocas horas.

Una sombra se acerca a Remer y Speer, una gigantesca silueta que se recorta contra el iluminado muro de la Bendlerstrasse. Se trata de Fromm, completamente solo, quien deja el lugar de los hechos con paso pesado.

—Me han encerrado en mi propia habitación —le dice a Speer—. ¡El jefe de mi Estado Mayor y mis colaboradores más inmediatos. —En su voz sigue habiendo irritación. Como auto-

191

ridad, estaba obligado a presidir un consejo de guerra contra todos los participantes en el golpe. Pero sus palabras suenan a excusa, y añade en voz baja—: El general Olbricht y el jefe de mi Estado Mayor, el coronel von Stauffenberg, ya no están con vida.

Entonces Remer se da cuenta de que ha llegado demasiado tarde para intervenir. Fromm sube a su coche, que espera en la Bendlerstrasse, y anuncia que regresa a casa. Sin embargo da otro destino al conductor: la villa de Goebbels.

En la radio, el discurso de Hitler llega a su fin:

—El destino de Alemania, si el ataque de hoy hubiera tenido éxito, es algo que quizá puedan imaginar unos pocos. Por mi parte yo agradezco a la Providencia y a mi Creador no que me haya salvado, pues mi vida es sólo preocupación y trabajo por mi pueblo, sino que les agradezco que me dieran la posibilidad de seguir con esa preocupación y continuar con mi trabajo, tan bien como puedo responder con mi conciencia y ante ella.

»Se han dado órdenes a numerosas tropas. Éstas se han seguido a ciegas, como corresponde a la obediencia que conoce el ejército alemán. Debo alegrarme de nuevo especialmente por ustedes, mis antiguos compañeros de lucha, por que me haya vuelto a ser concedido escapar a un destino que no escondía algo terrible para mí, sino que hubiera traído el temor al pueblo alemán. Veo por tanto un gesto de la Providencia para que continúe con mi trabajo, ¡y por ello lo continuaré!

El sargento mayor encargado del rápido entierro de los ejecutados ya ha encontrado entre tanto el cementerio de la parroquia Matthäi. No se encuentra junto a la iglesia del mismo nombre, sino a unos tres kilómetros de distancia, en la Grossgörschenstrasse, en Schöneberg. Allí se está excavando la tierra apresuradamente. El sacristán y la policía que se ha avisado reconocen la orden de Fromm y ayudan a enterrar los cinco cadáveres. Éstos son sepultados de uniforme y con todos sus galones. A continuación se cierran las tumbas y se borra el rastro tan bien como se puede. Si bien no sirve de nada. Al despuntar el alba, las SS han encontrado el lugar y están desenterrando a los muertos, siguiendo órdenes de Himmler para identificarlos oficialmente y después quemarlos en un crematorio de la Gerichtsstrasse de Wedding. Para que los resistentes no tengan un lugar de descanso, las SS esparcen sus cenizas por los campos de regadío de Berlín.

XVIII. VENGANZA

BERLÍN Y BIALYSTOK, POLONIA
de julio de 1944 a abril de 1945

Tras el consejo de guerra contra su hermano, el conde Berthold von Stauffenberg es encerrado en el despacho de éste junto con otros conspiradores más. Aún no sabe lo que ha ocurrido en el patio, pero puede imaginárselo. Los allí reunidos, entre los que se encuentran Schulenburg, Yorck, Schwerin y Gerstenmaier, cuentan con ser los siguientes a quienes juzgarán. Están quemando todos los documentos comprometedores que pueden encontrar en el despacho. Algunos intentan abrirse paso por el pasillo, pero acaban cayendo en manos de las tropas de las SS que han entrado en el edificio. Ninguno de los detenidos, formados según las reglas de honor del antiguo código de oficiales, puede imaginarse el trato inhumano que les espera. Les es desconocida la experiencia de los resistentes franceses, por término medio uno sólo puede aguantar un interrogatorio de la Gestapo durante veinticuatro horas.

En las actas de interrogatorio, los archivos procesales y las grabaciones del *Volksgerichtshof* que se han conservado parcialmente puede verse sin embargo el asombroso valor de estos hombres durante sus últimos días y horas. Cuando el vociferante juez Freisler les permite tomar la palabra, insisten en los crímenes del nacionalsocialismo y certifican su obligación religiosa y ética para formar parte de la resistencia. El conde Peter Yorck von Wartenburg es sentenciado a muerte el 8 de agosto y colgado el mismo día en la prisión de Plötzensee. Berthold von Stauffenberg y Fritz-Dietlof von der Schulenburg sufren el mismo destino el 10 de agosto. Cinco días más tarde les sigue su amigo Adam von Trott zu Solz, que había sido detenido poco después del fallido golpe de Estado, y el 21 de agosto es el turno de Ulrich Wilhelm Schwerin von Schwanenfeld.

En Prusia Oriental, el general de comunicaciones Erich Fellgiebel es uno de los primeros detenidos. La misma tarde del día 20 de julio ya le habían pedido que volviera a la Guarida del Lobo: su visita sin motivo de la mañana y sus contactos con Stauffenberg habían llamado la atención. A la pregunta de su ayudante de si va a suicidarse, responde: «¡Uno afronta los hechos, no hace eso!» Después se despide con estas palabras: «Si creyese en la Eternidad, diría "Hasta la vista"». Los interrogatorios comienzan de inmediato, pero no será hasta tres semanas después cuando comiencen a descubrirse sus más estrechos colaboradores, y de éstos sólo unos pocos. Un signo de la firmeza que mostró durante las torturas de la Gestapo. Fellgiebel fue sentenciado a muerte el 10 de agosto y ejecutado el 4 de septiembre.

El general de división Henning von Tresckow, el estratega desde el primer momento, se fue a dormir la noche del 20 de julio. En esos días, su división se encuentra cerca de Bialystok, en Polonia. Su ayudante, el teniente Fabian von Schlabrendorff, escucha el discurso de Hitler por la radio, despierta a Tresckow y le transmite la mala noticia del fracaso definitivo. «Me quitaré la vida de un disparo —dice Tresckow de inmediato—. Durante la investigación llegarán a mí. Intentarán sacarme el nombre de otros implicados. Para evitarlo, me quitaré la vida». Conoce demasiado bien los métodos de la Gestapo y no se ve capaz de soportar las torturas.

Schlabrendorff lo contradice y le aconseja esperar. Pasan la noche entera hablando sobre ello, pero es imposible hacer cambiar de opinión a Tresckow. Al llegar la mañana, ambos se despiden. Tresckow parece tranquilo y calmado.

—Ahora el mundo entero caerá sobre nosotros y nos maldecirá —afirma—. Pero sigo estando firmemente convencido de que hemos actuado justamente. No sólo considero a Hitler el archienemigo de Alemania, sino también el archienemigo del mundo. Cuando dentro de unas horas comparezca ante el juicio de Dios para dar cuenta de mis actos y omisiones, creo que puedo hacerlo con buena conciencia acerca de lo que he hecho al luchar contra Hitler. Al igual que Dios prometió a Abraham que no aniquilaría Sodoma si encontraba a diez justos en ella, así espero yo también que Dios no destruya Alemania por nuestra causa. Ninguno de nosotros puede quejarse por su muerte. Quien entraba en nuestro círculo estaba ciñéndose la soga al cuello. El valor moral de una persona no comienza hasta que no está dispuesta a dar su vida por sus convicciones.

Tresckow viaja a la 28.ª división de cazadores en el frente, va a una zona apartada sin acompañamiento, y simula un intercambio de disparos con dos pistolas. Después se salta por los aires a sí mismo con una granada. Así se mantuvo durante un tiempo la leyenda de que había muerto a manos de partisanos. Schlabrendorff acompaña el traslado del cadáver a Wartenburg, donde Tresckow es enterrado junto a sus padres. A finales de agosto, cuando el alcance de su implicación en la resistencia se hace más evidente, las SS desentierran el ataúd. El cadáver medio putrefacto es llevado al campo de concentración de Sachsenhausen y presentado a Schlabrendorff, que, entre tanto, también ha sido detenido, con la esperanza de hacerle hablar. Inquebrantable, éste guarda silencio. Finalmente, los restos mortales de Tresckow son incinerados.

Tampoco escapan los demás líderes de la resistencia. El mariscal de campo Von Witzleben es detenido el día después del intento de golpe de Estado en Seesen, adonde se había marchado tras salir encolerizado de la Bendlerstrasse. Al principio niega cualquier implicación en la conjura, hasta que se da cuenta de la información que tiene la Gestapo y sabe quiénes están ya acusados. Más tarde, ante el *Volksgerichtshof*, demuestra su actitud digna y superior. Pertenece al primer grupo de acusados. Se dice que sus palabras finales, dirigidas a Freisler, fueron: «Pueden ponernos en manos del verdugo. Dentro de tres meses, a usted le pedirá cuentas el pueblo, indignado y torturado, y arrastrarán su cuerpo con vida por el fango de las calles». El 8 de agosto fue sentenciado a muerte y ejecutado ese mismo día. Con él muere también el coronel general Erich Hoepner, quien había esperado poder justificarse. Pero su comportamiento pasivo el día del golpe de Estado no le sirve de nada.

Para los nacionalsocialistas, el ajuste de cuentas con Julius Leber tiene una importancia especial. El juez Freisler lo llama «la figura más importante de la política de la resistencia». En su último mensaje a un amigo, Leber escribe: «Arriesgar la propia vida es el precio adecuado para una cosa tan buena y justa. Hemos hecho cuanto estaba en nuestra mano. No es culpa nuestra que todo saliese así y no de otra manera». Es ejecutado el 5 de enero de 1945.

Carl Goerdeler, la cabeza política conservadora del movimiento, logra evitar su detención durante algo más de tiempo. El propietario del hotel Gut Rahnisdorf, donde esperó durante el 20 de julio, es detenido justo al día siguiente, pero para entonces Goerdeler ya se había marchado. A comienzos de agosto se entera por una noticia radiada por la BBC de que han puesto un millón de marcos como precio por su cabeza. Se oculta aún unos días en Berlín y después viaja hacia Prusia Oriental, donde es reconocido, denunciado y detenido. Desde el primer instante, Goerdeler realiza amplias declaraciones; quiere mostrar a los nacionalsocialistas lo fuerte que era realmente la oposición, y hasta el último momento tiene esperanzas de poder tener cara a cara a Hitler o a Himmler para poder espetarles la verdad y quizá incluso lograr que den marcha atrás. Es sentenciado a muerte el 8 de septiembre, pero no es colgado en Plötzensee hasta cinco meses después, el 2 de febrero de 1945.

El primo de Stauffenberg, Caesar von Hofacker, es detenido en París el 25 de julio y llevado a Alemania. Delante del *Volksgerichtshof* contesta al presidente del tribunal con valentía: «¡Cállese ya, señor Freisler! Hoy es mi cabeza la que está en juego. ¡Pero dentro un año será la suya!» Hofacker muere en la horca el 20 de diciembre.

Con él también es juzgado Carl-Heinrich von Stülpnagel, el

líder militar en Francia. Éste recibe la mañana siguiente al fracaso del golpe de Estado una orden de Keitel para que regrese a Berlín desde París inmediatamente. Se despide de sus compañeros y pide que lo lleven a Verdún, donde luchó en la primera guerra mundial. Allí desciende la pendiente hacia el canal del Mosa y sus acompañantes oyen un disparo. Pero logran sacarlo del agua y no está muerto, sino únicamente cegado. La fiscalía nacionalsocialista se encarga de él hasta que se repone y es presentado ante el *Volksferichtshof*. La pena de muerte es ejecutada el 30 de agosto.

El mariscal de campo Hans Günther von Kluge, el del frente occidental, quien negó toda ayuda a los conspiradores de Francia en la hora decisiva, hace ahora todo lo posible para colocarse del lado correcto. Delata a Stülpnagel ante Keitel y envía un telegrama de lealtad a Hitler: «Mi Führer, el ataque contra su vida ejecutado por una asesina mano infame falló gracias a una bendita intervención de la Providencia». Sin embargo, Hitler ha dejado de confiar en él. A mediados de agosto es destituido y obligado a comunicar su nuevo lugar de residencia. El 19 de agosto, Kluge pide que lo lleven a los campos de batalla de la primera guerra mundial y toma veneno una vez allí. Deja una última carta para Hitler en la que aconseja llegar a un tratado de paz en el frente occidental y le asegura de nuevo su «lealtad inquebrantable».

El mariscal de campo Erwin Rommel tampoco sufre un destino muy distinto cuando se conocen sus planes para abrir el frente occidental. El 14 de octubre de 1944, Hitler lo obliga a suicidarse bajo amenaza de enfrentarse a una acusación de alta traición.

Otros implicados en el golpe del 20 de julio pronto descubren que estar al tanto de la conspiración o no haber actuado significan la misma suerte que han tenido los que lucharon heroicamente. Al coronel general Friedrich Fromm no lo ayudan sus espectaculares fusilamientos. Tras haberlos realizado, Goebbels pide a su invitado que espere en su palacete. Llama por teléfono a Hitler, a quien describe a Fromm como un «absoluto traidor» a quien quiere ver muerto. Fromm es detenido inmediatamente y debe pasar la noche en una residencia de las SS en Wannsee. Más tarde es acusado de «cobardía», un reproche mal construido y particularmente infame. Fromm vuelve a defenderse con buenos argumentos, pero es en vano. El juez Freisler lo condena a muerte. El 12 de marzo de 1945 es fusilado en la prisión de Brandenburgo. También mueren el teniente general Fritz Thiele —que no transmitió la noticia del atentado y de la supervivencia de Hitler, y más tarde se volvió contra los conjurados—, y otros generales implicados que al comienzo del día 20 empezaron a trabajar contra los conspiradores.

Sin embargo, el joven comandante del Wachbataillon, el mayor Remer, es recompensado. Hacia la una de la mañana del 21 de julio regresó a su puesto de mando en la residencia de Goebbels y transmitió el mando a Himmler. Así terminó su intervención. Durante los siguientes días fue presentado como un héroe por la propaganda nazi y ascendido a coronel por el propio Hitler como gratitud, saltándose así un grado del escalafón. También pronuncia un discurso con voz estentórea ante su Wachbataillon para que sea grabado por el Deutsche Wochenschau.[6] «¡Gracias a Dios, hoy somos soldados políticos! —grita—. Nuestro cometido político es el siguiente: ¡La seguridad de nuestro espacio vital, la defensa de nuestra patria alemana y la defensa de nuestro ideal nacionalsocialista! ¡Y llevaremos a cabo estas tareas políticas bajo cualquier circunstancia hasta nuestra victoria final!» Dos meses más tarde es nombrado *Kampfkommandant* del cuartel general del Führer y comandante de la *Führerbegleitbrigade*. Después regresará al frente. El agradecido Estado nacionalsocialista le convierte poco antes del final de la guerra en uno de los más jóvenes generales de la Wehrmacht. Tras la destrucción de su división cerca de Dresden, se abre paso hacia el oeste con ropa de civil y allí es hecho prisionero por los estadounidenses.

6. Boletín informativo utilizado como vehículo de propaganda nazi desde 1940 hasta el final de la segunda guerra mundial. *(N. del t.)*

Tras la guerra, Remer se convierte en activista de partidos de extrema derecha. Siempre habla con orgullo de su papel en el golpe del 20 de julio, y a pesar de numerosas condenas y detenciones, nunca deja de negar el Holocausto y de injuriar la memoria de los combatientes de la resistencia. En el año 1994 huye a España para evitar su encarcelamiento y allí muere tres años más tarde, en Marbella.

Sólo sobreviven unos pocos hombres de la resistencia. Uno de ellos es el leal ayudante de Tresckow, Fabian von Schlabrendorff. Éste permanece en su puesto de Polonia hasta que es detenido el 17 de agosto. Piensa en acabar con su vida, pero una sensación instintiva le dice que superará todos los peligros. Esta certeza no lo abandonará nunca, ni siquiera en los peores momentos pasados en la prisión de la Gestapo de la Prinz-Albrecht-Strasse, donde se reencuentra con Goerdeler, Schulenburg y el coronel general Fromm entre otros. Niega tercamente su participación en la resistencia, y muchos que podrían inculparlo también callan. Sin embargo, comparece ante el *Volksgerichtshof* en febrero de 1945, pero el impacto de una bomba aliada mata al juez Freisler en el patio del tribunal. Y el expediente de Schlabrendorff también es destruido por completo. En una vista posterior es absuelto, pero la Gestapo ignora el veredicto. Tras una odisea por los campos de concentración de Flossenbürg, Dachau e Innsbruck acaba finalmente en Pustertal, cerca de Toblach, donde lo liberan tropas estadounidenses. El brillante letrado será nombrado juez del Tribunal Constitucional de Alemania en la joven República Federal en los años sesenta.

De los participantes que se encontraban en la Bendlerstrasse escapa de la muerte el teólogo Eugen Gerstenmaier. Tras una hábil defensa ante el *Volksgerichtshof* sólo es condenado a siete años de prisión. Después de la guerra se convierte en político de la CDU y en presidente del Bundestag. El proceso de investigación contra el joven Ewald-Heinrich von Kleist, participante activo en la Bendlerstrasse y que en enero de 1944 estaba dispuesto a volar por los aires con Hitler, es sobreseído. El joven es enviado de nuevo al frente y sobrevive a la guerra. Por el contrario, su padre,

Ewald von Kleist-Schmenzin, uno de los primeros y más feroces opositores de Hitler, no oculta su desprecio por el régimen ante el *Volksgerichtshof*. Es ejecutado el 9 de abril de 1945.

El barón Rudolph-Christoph von Gersdorff, otro de los posibles ejecutores del atentado desde el primer momento, ni siquiera es encarcelado. Todos aquellos que habrían podido inculparlo callan su participación. Sigue siendo soldado y es condenado por su extraordinaria valentía. En 1944 es destinado al *Atlantikwall* y recibe la Cruz de Hierro durante el verano de ese mismo año por su planificación del ataque en la batalla de la bolsa de Falaise. Es ascendido a general de división durante el último año de la guerra. Hecho prisionero por los estadounidenses, éstos lo liberarán en 1947. Su reincorporación al Ejército Federal nunca tendrá lugar, cosa que lo afecta amargamente. Sin embargo se convierte en presidente fundador y miembro del consejo de administración de la Johanniter-Unfall-Hilfe, una organización humanitária, durante muchos años. Tampoco es inculpado el barón Axel von dem Bussche, que también se presentó como voluntario para el atentado a finales de 1943, y también sobrevivió a la guerra. Entre otras cosas fue segundo secretario de la embajada alemana en Washington.

Pocos sobrevivieron a la venganza del régimen. El 20 de julio es sólo el principio de una oleada de detenciones sin igual que, según datos de la comisión especial de las SS encargada, que se saldó con miles de personas apresadas. Se le dio el nombre de *Aktion Gewitter* (Operación Tormenta) y no sólo se dirigió contra los hombres de la Operación Valkyria, sino contra toda la resistencia y el conjunto de la oposición. La crueldad y la incapacidad de un dictador que se desmoronaba exigían incalculables víctimas. Un informe del Almirantazgo británico señala una cifra que se emplea desde entonces, cinco mil muertos tras el 20 de julio. Este número se refiere a la cifra total de ejecuciones registradas en el ministerio de Justicia durante ese periodo. Es demasiado alta con seguridad.

Es especialmente pérfido el sistema nacionalsocialista de la *Sippenhaft* o castigo de familiares. No sólo se encierra y ejecuta a los miembros activos de la resistencia, sino también a sus mujeres, hijos, padres y hermanos, que frecuentemente eran inocentes y ni siquiera sabían de la conspiración. Incluso los parientes lejanos de los conspiradores fueron desposeídos de sus propiedades y encarcelados.

Para todos los portadores del apellido Stauffenberg, para las familias Haeften, Olbricht, Mertz, Tresckow, Goerdeler, Beck y muchos otros comenzaba ahora una verdadera odisea por cárceles y campos de concentración. Pero no bastaba con eso. En un discurso ante los Gauleiter Heinrich Himmler entró en un verdadero delirio criminal retórico.

—No tienen más que leer los poemas épicos y las sagas germanas —exclamó—. Cuando expulsaban a una familia y la declaraban fuera de la ley, o cuando se dictaba una venganza de sangre contra una familia, entonces se era enormemente consecuente. Cuando se declaraba a la familia fuera de la ley y se la expulsaba, decían: este hombre ha cometido traición, su sangre es mala, en ella hay sangre de traidor, hay que extinguirla. Y se extinguía mediante la venganza de sangre, que llegaba hasta la última rama de todo el árbol genealógico. Arrancaremos hasta la última rama de la familia von Stauffenberg. ¿Llegaría a hacerse realidad incluso esta pesadilla bárbara?

XIX. ODISEA Y REGRESO A CASA

Ravensbrück, Bad Sachsa, Lautlingen,
de julio de 1944 a junio de 1945

Entre las siete y las ocho de la mañana del 21 de julio, Nina von Stauffenberg es despertada en Lautlingen. Su suegra, de casi setenta años, está junto a su cama y se encuentra agitada. El herrero Leibold la abordó muy temprano en el jardín del castillo para contarle el rumor que circula por el pueblo. Las noticias del exterior se extienden lentamente por el valle del Eyach. En el Krone cuentan que «un Stauffenberg» está implicado en el atentado. Avisan al tío Nikolaus y éste va de inmediato a la fonda cercana para enterarse de primera mano. Allí oye el anuncio por radio de que Hitler ha sobrevivido y del consejo de guerra celebrado en el Bendlerblock. No hay ninguna duda de que su sobrino Claus está muerto, y como antiguo combatiente contra Hitler, él también debe contar con lo peor. Regresa al castillo tan rápido como puede. Allí le cuenta a la condesa Caroline el destino de su hijo. «Nunca olvides que ha actuado en el más alto cumplimiento del deber», le dice. Caroline, por su parte, se encarga de despertar a Nina y transmitirle la noticia. Al principio, ésta sólo puede pensar una cosa: ¡Lo ha hecho él mismo!

Nina Stauffenberg sabe que no le queda mucho tiempo. Tendrá que reunir a los niños antes de que los detengan los hombres de los abrigos negros. Pero ¿qué les dirá? Berthold y Heimeran quizá sean sometidos a interrogatorio, a sus dieciocho años de edad son ya suficientemente mayores para ello. Si eso ocurre, los niños deben confirmar la mentira que Claus les transmitió tan enfáticamente. Que el hombre que quería matar a Hitler ha dejado una familia que no sabía absolutamente nada.

Va a la habitación del primer piso, a la que llaman «biblioteca», donde suelen jugar los niños. Franz-Ludwig recuerda la frase decisiva: «Debo deciros algo muy triste: Papi ha muerto». Aún no han asimilado la conmoción de la noticia cuando Nina llama a los dos mayores, Berthold y Heimeran, que ya han oído hablar del atentado, y habla a solas con ellos.

—El que ha colocado la bomba ha sido papi —les dice.

A pesar del poco tiempo que podía estar con su familia, Claus von Stauffenberg era un héroe para sus hijos. El mundo se les viene encima a los dos niños, Heimeran comienza a llorar al instante. Berthold se acuerda de lo primero en que pensó: «¡Cómo ha sido capaz, al Führer!»

—Ha pensado que debía hacerlo por Alemania —continúa diciendo Nina. Y según sus propios recuerdos, añade—: Pero se ha equivocado. La Providencia protege a nuestro querido Führer.

Berthold por su parte está seguro hoy en día de que al final añade una noticia alegre:

—Pero también tengo algo bonito que deciros. Vais a tener un hermanito.

Aproximadamente al mismo tiempo llaman a la puerta de la casa de Bamberg, en la Schützenstrasse. La baronesa Anna von Lerchenfeld, la madre de Nina, de sesenta y cinco años, se encuentra allí, pero no hay ningún otro miembro de la proscrita familia. La anciana mujer que tan a menudo ha insultado a Hitler se enfrenta a los hombres de la Gestapo con orgullo. Afirma que su hija partió días atrás. Los hombres de la Sicherheitspolizei la dejan en paz por el momento. Pero volverán y detendrán a la frágil dama. Será llevada al campo de concentración de Ravensbrück, donde puede ver alguna vez a su hija Nina por la rendija de la puerta cuando ésta pasa por delante de su celda. Muere en cautividad en febrero de 1945.

La mujer de Berthold, Mika, se marcha de Lautlingen sin ninguno de sus dos hijos. Su meta es Berlín. A pesar de los peligros que la esperan allí, su decisión es firme. Debe intentar salvar a Berthold. Toda la familia ayuda a conseguir alimentos. Con su partida acaba el día siguiente al atentado en Lautlingen.

Mika espera ingenuamente que quizá podrá sobornar a un par de agentes de la Gestapo en Berlín con cosas de valor como leche, huevos y harina. Pero no conseguirá nada. Es detenida una hora después de su llegada a la capital. Su odisea por campos y prisiones del régimen acabará llevándola a Capri, donde los aliados reunieron a importantes opositores al régimen.

El día siguiente, sábado, no sucede nada en el pueblo. Aunque sobre la residencia de los Stauffenberg planea un ominoso presagio sobre lo que está por venir. Por temida que sea la policía secreta, no está en situación de encontrar de inmediato a los «enemigos del Estado» en Lautlingen. Nina da largos paseos. Intenta recuperar la compostura y vivir conscientemente las últimas y valiosas horas junto a su familia. Dice que la calma antes de la tormenta es un «regalo del Cielo».

Finalmente ocurre durante la noche del sábado al domingo: los hombres de negro aparecen con gran revuelo y comienzan con los interrogatorios allí mismo. Cuando los niños se despiertan por la mañana, Nina y el tío Nikolaus han desaparecido. Los trasladan a la prisión de Rottweil. Nikolaus von Üxküll-Gyllenband es llevado pronto a Berlín, donde lo encarcelan. En su vista ante el *Volksgerichtshof* rechaza la escapatoria que le brinda el presidente Freisler, de que debido a su edad, no fue capaz de comprender la situación, y recalca que ha actuado siendo plenamente consciente y con clara convicción de lo que hacía y que volvería a hacerlo. El 14 de septiembre muere fiel a su lema: «De ese montón de criminales sólo puede separarme la muerte».

Un día después de que Nina y el tío Nikolaus son detenidos en Lautlingen, les siguen las dos ancianas: la tía Alexandrine, la enfermera jefe, y Caroline, la madre de Claus y Berthold. Son llevadas a Balingen y puestas en régimen de aislamiento.

El 17 de agosto parece como si el bárbaro anatema de Himmler contra los Stauffenberg, «la exterminación hasta del último de sus miembros», fuera a hacerse realidad: los hijos de Claus y de Berthold también son detenidos. Suplican desesperados que vaya con ellos Esther, su querida niñera, o al menos Mali Amalie, el ama de llaves. Las mujeres también piden que los pequeños no hagan su cruel viaje solos. Pero es en vano. El hijo de Berthold es quien peor se toma la despedida, pero el mayor de Claus sorprende a los adultos por la entereza que demuestra y cómo asume de manera natural la guía del pequeño grupo. El ama de llaves acompaña a los seis niños hasta el patio parroquial, donde el párroco les da su bendición con lágrimas en los ojos.

Por fundados que estén los peores temores, la hora de la derrota está demasiado cerca para la venganza inhumana de Hitler y Himmler. Los pequeños Stauffenberg son alojados, junto con los hijos de otros miembros de la resistencia como los Hofacker o las dos hijas de Tresckow, en un hogar infantil nacionalsocialista en Bad Sachsa, en el macizo del Harz. Permanecen allí hasta la capitulación alemana. Un intento de traslado al campo de concentración de Buchenwald fracasa debido a la destrucción de una estación de ferrocarril por un ataque aéreo. Los niños no guardarán un recuerdo traumático del hogar en sí. Heimeran tiene escarlatina en una ocasión y recibe su propio árbol de Navidad. Franz Ludwig es trasladado durante un tiempo a un hospital de Erfurt para una operación de oídos. Cuando le llaman a rayos-X por un nombre falso, el chiquillo responde insolente: «Pero si yo soy un Stauffenberg...».

Después de ocho días en la prisión de Rottweil, Nina von Stauffenberg es trasladada a Berlín. La llevan primero al cuartel general de la Gestapo, en la Prinz-Albrecht-Strasse. Allí en realidad sólo le toman los datos, su periplo continúa en la cárcel infestada de chinches de la Alexanderplatz. A finales de agosto sufre otro traslado, esta vez al campo de concentración de Ravensbrück, donde pasa cinco meses en régimen de aislamiento. No obstante, Nina no es maltratada, y como embarazada recibe comida extra. Después de un tiempo se entera a través de otras prisioneras de que su madre no está en Bamberg sino en el campo, pero no logra verla más que un par de veces por la rendija de la puerta de su celda. Para no enloquecer por la soledad, recita poesías de memoria de las que puede acordarse, desde *La campana* de Schiller hasta Shakespeare. Se canta a sí misma piezas de música, hace trenzas con los flecos de la manta de viaje y crea cartas con cajetillas de cigarrillos. Pensar en el hijo que está por nacer le da fuerza. Poco antes del nacimiento, en enero, es trasladada a una maternidad nacionalsocialista y después será transferida de nuevo. Su hija Konstance llega al mundo el 27 de enero en una clínica privada en Fráncfort del Oder. Pero los rusos también avanzan hacia allí y se traslada en el tren médico militar a Potsdam, al Josephs-Krankenhaus. Nina enferma de gravedad, la recién nacida tiene abscesos, erisipela, bronquitis y una inflamación pulmonar. Recibe el bautismo ante el peligro de muerte y las monjas del hospital temen por su vida. Pero madre e hija logran sobrevivir.

Es ya abril cuando ambas son trasladadas a través de Alemania de camino a un nuevo internamiento. Un *Feldgendarm* tendría que conducir a las prisioneras, pero cualquier vestigio de orden en el país acaba de desaparecer. En la región hay muertos colgando de los árboles con un cartel de «desertor» al cuello. Finalmente Nina afirma que no seguirá avanzando y le escribe al *Gendarm* un certificado diciendo que ha cumplido su cometido, después de lo cual él se marcha aliviado. A pocos kilómetros de distancia reside la antigua familia noble de los Feilitzsch, buenos amigos de la familia. Nina y Konstanze encuentran refugio allí. Pero ¿qué será de los otros niños? El último rumor que Nina oyó de unos parientes decía que los habían sacado de Bad Sachsa con destino indeterminado.

La incógnita respecto a los niños también preocupa al resto de la familia. A finales de mayo, las dos grandes señoras se reencuentran en Lautlingen. La condesa Caroline, la madre del autor del atentado, había regresado tras su encarcelamiento en Balingen al castillo, donde permaneció bajo vigilancia hasta el final de la guerra. Tras la capitulación y la ocupación francesa de Lautlingen, también regresa a casa sana y salva su hermana Alexandrine, la enfermera de la Cruz Roja. La mención de Bad Sachsa basta para despertar de nuevo el espíritu de esta última, probado en numerosas intervenciones en zonas de guerra. Junto con una compañera enfermera consigue un vehículo militar francés y comienza así el viaje a través de la Alemania devastada.

Cuando las dos mujeres llegan a Bad Sachsa, temen lo peor. El rústico hogar parece abandonado, las primeras casas de madera en las que entran están vacías. Solamente al llegar al sexto edificio oyen voces de niños. Y allí están los jóvenes Stauffenberg y un gran grupo de hijos de resistentes. La directora del hogar ha huido, pero una cuidadora permanece con los pequeños. El júbilo es grande y se decide que todos partan. Pero son tantos que la enfermera tiene que conseguir un autocar de gasógeno para transportar a los niños rescatados. Los hijos de Claus y Berthold llegan finalmente a Lautlingen sanos y salvos mientras los rusos avanzan sobre Bad Sachsa. Ahora sólo falta la madre.

Cuando llega a Lautlingen la noticia de dónde ha encontrado asilo Nina, su hijo mayor decide ir a buscarla a Franconia. La compañera de su tía abuela lo acompaña y un alguacil de Lautlingen les hace de chófer. El viaje dura todo el día, después pasan por delante de la casa de los Feilitzsch y Nina apenas logra creerse que puede estrechar entre sus brazos a su hijo sano y salvo. Berthold no nota por todo lo que ha pasado su madre, pues ésta da una impresión estoica y entera ante él. Pero en realidad no la conoce de otra manera. Deciden regresar a Lautlingen de inmediato, adonde también ha llegado Mika, la mujer de Berthold. No obstante, antes de atreverse a ir ella misma al castillo, preguntó primero en los alrededores si sus hijos aún estaban con vida. Cuando por fin llega, reparte objetos de gran valor que ha traído del campamento estadounidense, lo cual entusiasma a los niños. Nina no puede ofrecer algo así, pero dice que ella también ha traído un regalo. Konstanze, su nueva hermana pequeña.

¡Qué reencuentro! Los niños dan gracias en sus oraciones nocturnas porque todos están juntos de nuevo. El pueblo entero lo festeja. Es cierto que el jardín es ahora un terreno baldío y que no tienen ni un penique, pero la gran casa está intacta. Y en toda la región de la Zollernalb ha arraigado la firme convicción de que es el apellido Stauffenberg lo que ha protegido del saqueo al pueblo de ataques aéreos y a la residencia condal. Los habitantes de Lautlingen, que al principio toleraban la invasión de la Gestapo como si se tratara de una mala cosecha o de un invierno particularmente duro, se vieron poseídos del espíritu de la resistencia cuando se llevaron a los niños. Tan grande fue su indignación que durante los últimos días del régimen habrían protegido la vida de la anciana condesa empleando la fuerza. El molinero Schemmingen les regala su mejor harina, los granjeros les traen leche, huevos y verduras. Nada será como había sido, pero cada día es ahora como un regalo inesperado. Comienza una nueva vida.

Y a Nina y a los niños los acompañará en ella un poema. Uno que ella misma compuso durante su encierro en solitario en 1944, escrito primorosamente sobre una escasa hoja de papel blanca y enmarcado con un modesto marco de madera. Encima de él está escrito: Nuestro papi. Durante décadas, ese papel hizo creer a Berthold, Heimeran, Franz Ludwig, Valerie y Konstanze que era su padre quien les hablaba a través de él. No fue hasta mucho más tarde que entendieron que el poema es en realidad una especie de diálogo. Un diálogo entre Nina en el momento de mayor desánimo y su Claus asesinado, que en realidad nunca la ha abandonado.

> Estás conmigo,
> aunque tu cuerpo marchara.
> Y siempre es ahora
> como si tu brazo me abrazara.
>
> Tus ojos me miran brillantes
> en sueños y despierta.
> Tu boca se acerca a mí.
> Tu susurro se manifiesta.
>
> ¡Querido niño! Sé fuerte,
> heredero mío.
> Dondequiera que tú estés,
> ¡yo estoy contigo!

El coronel Henning von Tresckow, primer oficial del Estado Mayor del Grupo de Ejércitos Centro, con sus hijos, 1943.

Hitler saluda al mariscal de campo Hans Günther von Kluge, comandante en jefe del Grupo de Ejércitos Centro, en el aeródromo de Smolensk, Rusia. 13 de marzo de 1943.

El dictador y su séquito. Smolensk, 13 de marzo de 1943.

Hitler en el Grupo de Ejércitos Centro. El mariscal de campo Von Kluge presenta a los generales Reinhardt, Model, Heinrici, Weiss y Krebs (de izquierda a derecha), 13 de marzo de 1943.

El teniente coronel Heinz Brandt, primer oficial del departamento de operaciones del alto mando del Ejército.

Fabian von Schlabrendorff, oficial del Grupo de Ejércitos Centro.

Ante la residencia familiar de Lautlingen: Claus von Stauffenberg, a la izquierda, con los gemelos Berthold y Alexander y sus padres, Alfred y Caroline, 1924.

El joven Claus von Stauffenberg como oficial de caballería, 1934.

Stauffenberg en Túnez, abril de 1943.

German Resistance Memorial Center

Los recién casados Nina y Claus von Stauffenberg delante de la iglesia de San Jacobo de Bamberg, septiembre de 1933.

© Heinrich Hoffmann / Bayerische Staatsbibliothek / bpk

Nina y Claus von Stauffenberg en Múnich, abril de 1943.

Claus von Stauffenberg en el jardín de Lautlingen, rodeado de su hija Valerie, su sobrina Elisabeth, su sobrino Alfred y su hijo Franz Ludwig (de izquierda a derecha), verano de 1943.

El general de infantería Friedrich Olbricht, jefe de la Oficina General del Ejército.

Claus (delante) y Berthold von Stauffenberg con Stefan George. Berlín-Grunewald, noviembre de 1924.

El general del cuerpo de comunicaciones Erich Fellgiebel, hombre de enlace de la resistencia.

El mariscal de campo Erwin von Witzleben, el soldado de mayor rango del golpe.

El coronel general Ludwig Beck, retirado en 1938.

Julius Leber, parlamentario del SPD, prisionero de campo de concentración y conspirador en la Operación Valkyria.

El teniente Werner von Haeften, ayudante de Stauffenberg en la Bendlerstrasse.

El capitán Axel von dem Bussche, del 9.º regimiento de infantería de Potsdam.

El coronel general Friedrich Fromm, jefe de Equipamiento del Ejército.

Stauffenberg con el coronel Albrecht Mertz von Quirnheim, 1942.

La Guarida del Lobo, el cuartel general del Führer en Prusia Oriental: el coche de Hitler pasa una barrera del perímetro de seguridad I.

La Guarida del Lobo el 15 de julio de 1944. Se trata de la única fotografía que muestra juntos a Hitler y Stauffenberg (a la izquierda). A la derecha, con una carpeta, el mariscal de campo Wilhelm Keitel.

La sala de reuniones del barracón de conferencias de la Guarida del Lobo, el lugar del atentado con bomba del 20 de julio de 1944.

El barracón de conferencias de la Guarida del Lobo tras el atentado fallido, 20 de julio de 1944.

Tras el atentado: visita del dañado barracón de conferencias de la Guarida del Lobo. Detrás y en el centro Hermann Göring (vestido de blanco).

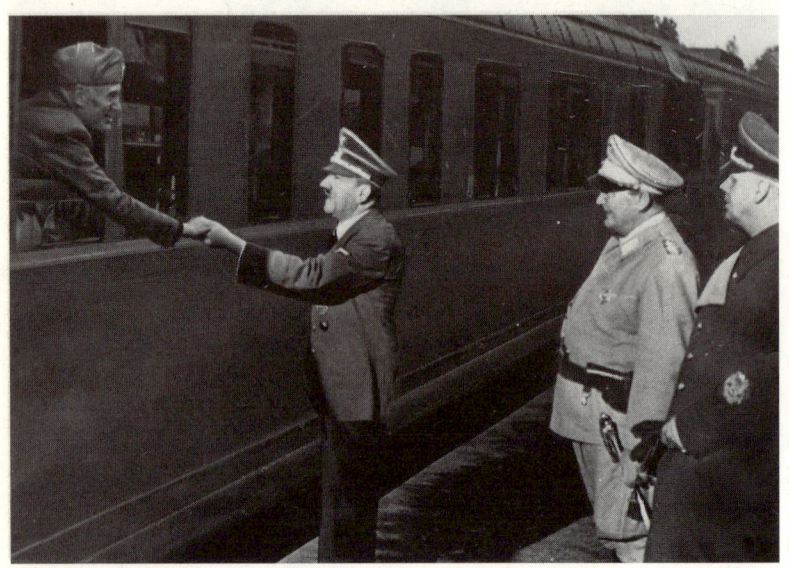

Hitler, herido leve tras el atentado, despide a Benito Mussolini en la estación de tren de la Guarida del Lobo.

El mayor Otto Ernst Remer, comandante del batallón Grossdeutschland de Berlín.

Hitler durante su discurso por radio tras el atentado.

El patio de la Oficina General del Ejército de la Bendlerstrasse, donde tuvo lugar la ejecución de Stauffenberg, Olbricht, Mertz y Haeften, el día siguiente al golpe de Estado, 21 de julio de 1944.

El patio del edificio Bendler tras el final del Tercer Reich, julio de 1945.

AGRADECIMIENTOS

Muchas personas han apoyado la investigación realizada para este libro. En primer lugar hay que nombrar a Berthold y Franz Ludwig von Stauffenberg, hijos del autor del atentado, Claus von Stauffenberg. Ambos estuvieron dispuestos a largas entrevistas para recordar los acontecimientos transcurridos entre 1943 y 1945, y que ellos vivieron siendo niños. Habida cuenta de la gran distancia crítica con la que juzgan el trabajo de los historiadores respecto de su padre, su disposición a compartir esos recuerdos ha tenido un significado especial para el autor.

Durante una visita a la propiedad de la familia Stauffenberg en Lautlingen, los recuerdos de Olga von Sauckens, nacida Üxküll-Gyllenbad y prima de Claus von Stauffenberg, fueron muy reveladores, al igual que la conversación con Veronika Beck, que trabajó allí como sirvienta. También hay que mencionar el trabajo del investigador de Lautlingen Peter Melle. Por su parte, los recuerdos de Philipp von Boeselager han sido particularmente valiosos para los capítulos que conciernen a la resistencia en el Grupo de Ejércitos Centro, en especial los intentos de atentado de marzo de 1943.

Quiero dar las gracias también a Rolf Bernstengel, de Pharus Verlag, por facilitarme material cartográfico histórico; al señor Hoffmann del servicio meteorológico alemán, por el acceso a los datos del servicio meteorológico del Reich; a Paula Kohlmann por su trabajo de investigación adicional, así como al Memorial a la resistencia alemana, al Archivo Federal y Militar de

Friburgo y al Instituto de Historia Contemporánea de Múnich. Es innecesario decir que un libro como éste no sería posible sin el meritorio trabajo de décadas de historiadores como Eberhard Zeller, Peter Hoffmann, Christian Müller, Bodo Scheurig, Bernhard Kroener y muchos otros. Sus investigaciones son la base imprescindible de cualquier descripción de los acontecimientos. En www.operationwalkuere.de puede contactarse con el autor para preguntas, comentarios y para recibir más detalles sobre las fuentes.

BIBLIOGRAFÍA

AAF in Northwest Africa. Publicado por Headquarters, Army Air Forces. Washington, D.C., Center for Air Force History, Washington, D.C., 1992.

BAUR, HANS: *Ich flog Mächtige der Erde.* Pröbster Verlag, Kempten, 1956.

BECK, DOROTHEA: *Julius Leber. Sozialdemokrat zwischen Reform und Widerstand.* Siedler Verlag, Berlín, 1983.

BEIERL, FLORIAN M.: *Geschichte des Kehlsteins. Ein Berg verändert sein Gesicht.* Plenk Verlag, Berchtesgaden, 1998.

CAPELLE, H. VAN; BOVENKAMP, A. P. VAN DE: *Der Berghof, Adlerhorst - Hitlers verborgenes Machtzentrum.* Tosa Verlag, 2007.

DAHRENDORF, GUSTAV (ed.): *Ein Mann geht seinen Weg. Schriften, Reden und Briefe von Julius Leber.* Berlín, Mosaik Verlag, 1952.

DIETRICH, OTTO: *Doce años con Hitler.* A.H.R., Barcelona, 1955.

DOMARUS, MAX: *Hitler. Reden und Proklamationen 1932-1945.* Wiesbaden, Löwit, 1973.

FEST, JOACHIM: HITLER: *una biografía.* Planeta, Barcelona, 2005.

FEST, JOACHIM: *Staatsstreich. Der lange Weg zum 20. Juli.* Siedler Verlag, Berlín 1994, zitiert nach btb-Ausgabe, 1997.

FOERSTER, WOLFGANG: *Coronel general Ludwig Beck. Sein Kampf gegen den Krieg.* Isar Verlag, Múnich, 1953.

FRANK, CLAUS JÜRGEN: Die Enkel Stauffenbergs. en: *Die Zeit,* 19-07-1974.

Führerhauptquartier Wolfsschanze 1940-1945. Arndt Verlag, Kiel 2001.

GEORGI, FRIEDRICH: *Wir haben das Letzte gewagt... General Olbricht und die Verschwörung gegen Hitler.* Herder Verlag, Friburgo, 1990.

GEORGI, FRIEDRICH: *Soldat im Widerstand, General Olbricht.* Paul Parey Verlag, Berlín, Hamburgo, 1988.

GERLACH, CHRISTIAN: *Kalkulierte Morde. Die deutsche Wirtschafts- und Vernichtungspolitik in Weissrussland 1941-1944.* Hamburger Edition, Hamburgo, 1999.

GERSDORFF, RUDOLPH-CHRISTOPH VON: *Soldat im Untergang.* Ullstein Verlag Ullstein, Fráncfort del Meno, 1979.

GISEVIUS, HANS BERND: *Amargo final.* AHR Condal, Barcelona, 1957.

HEIBER, HELMUT (ed.): *Conversaciones militares de Hitler: Fragmentos de las actas de las conferencias militares de Hitler de 1942-1945.* Bruguera, Barcelona, 1967.

HEIMBERGER, BERND: «Mehr als eine letzte, lästige Dienstfahrt. 20. Juli 1944: Stauffenbergs Strecke zum Flugplatz - Geschichte und Geschichten, die Rangsdorf streiften», en: *Süddeutsche Zeitung*, 18-07-1998.

HETTLER, EBERHARD: *Uniformen der deutschen Wehrmacht.* Verlag Dietrich, Berlín, 1939.

HEUSINGER, ADOLF. *Mando en conflicto: Horas del destino del ejército alemán 1923-1945.* Escuela Superior del Ejército, Madrid, 1951.

HIMMLER, HEINRICH: «Die Rede vor Gauleitern am 3. August 1944», en: *Vierteljahreshefte für Zeitgeschichte*, volumen 1, libro 4, 1953.

Hitlers Berghof 1928-1945. Arndt Verlag, Kiel, 2003.

HOFFMANN, PETER: *Claus Schenk Graf von Stauffenberg und seine Brüder.* DVA Stuttgart, 1992.

HOFFMANN, PETER: *Claus Schenk Graf von Stauffenberg. Die Biographie.* Pantheon Verlag, 2007. Nueva edición en Hoffmann, Peter: *Claus Graf Stauffenberg und seine Brüder.*

HOFFMANN, PETER: *Die Sicherheit des Diktators. Hitlers Leibwachen, Schutzmassnahmen, Residenzen, Hauptquartiere.* Piper Verlag, Múnich/Zúrich, 1975.

HOFFMANN, PETER: Guión del reportaje «*Stauffenberg*». *Homepage* del autor, 2003.

HOFFMANN, PETER: «Oberst i. G. Henning von Tresckow und die Staatsstreichpläne im Jahr 1943», en: *Vierteljahreshefte für Zeitgeschichte* 02-2007.

HOFFMANN, PETER: «Tresckow und Stauffenberg», en: *Frankfurter Allgemeine Zeitung*, 20-07-1998.

HOFFMANN, PETER: *Widerstand-Staatsstreich-Attentat*. Piper Verlag, Múnich, 1969.

JACOBSEN, HANS-ADOLF: *Opposition gegen Hitler und der Staatsstreich vom 20. Juli 1944. Geheime Dokumente aus dem ehemaligen Reichssicherheitshauptamt*. Mundus, Stuttgart, 1989.

KERSHAW, IAN: *Hitler 1889-1936* y *Hitler 1936-1945*. Península, Barcelona, 1999 y 2000.

KARLAUF, THOMAS: *Stefan George. Die Entdeckung des Charisma. Biographie*. Blessing Verlag, Múnich, 2007.

KNIEBE, TOBIAS: Entrevista con Berthold Graf Stauffenberg, 07-03-2008, Oppenweiler.

KNIEBE, TOBIAS: Entrevista con Franz Ludwig Graf Stauffenberg, 17-01-2008, Kirchlauter.

KNIEBE, TOBIAS: Entrevista con Olga von Saucken, nacida Üxküll-Gyllenband, 15-12-2007, Lautlingen.

KNIEBE, TOBIAS: Entrevista con Philipp Freiherr von Boeselager, 12-03-2008.

KNIEBE, TOBIAS: Entrevista con Veronika Beck, 15-12-2007, Lautlingen.

KRAMARZ, JOACHIM: *Stauffenberg. 15 Noviembre 1907-20 Julio 1944*. Grijalbo, Barcelona, 1974.

KROENER, BERNHARD R.: *Coronel general Friedrich Fromm. Eine Biographie*. Schöningh, Paderborn, 2005.

LEBER, ANNEDORE: *Das Gewissen steht auf. 64 Lebensbilder aus dem deutschen Widerstand*. Büchergilde Gutenberg, Fráncfort, 1955.

LEBER, ANNEDORE: *Männer des 20. Juli, Der Spiegel*, 19-07-1947

LEYEN, FERDINAND VON: *Rückblick zum Mauerwald*, Biederstein Verlag, Múnich, 1965.

MEDING, DOROTHEE VON: *Mit dem Mut des Herzens. Die Frauen des 20. Juli*. Siedler Verlag, Berlín, 1992.

MEDING, DOROTHEE VON, y SARKOWICZ, HANS: *Philipp von*

Boeselager. *Der letzte Zeuge des 20. Juli*. Zabert/Sandmann, Múnich, 2008.

MOMMSEN, HANS: *Alternative zu Hitler. Studien zur Geschichte des deutschen Widerstands*. Beck Verlag, Múnich, 2000.

MÜLLER, CHRISTIAN: *Stauffenberg - Eine Biographie*. Droste Verlag, Düsseldorf 2003.

MÜLLER, KLAUS-JÜRGEN: «Witzleben, Stülpnagel, Speidel. Offiziere im Widerstand», en: *Beiträge zum Widerstand 1933 - 1945*, libro 7, Gedenkstätte Deutscher Widerstand, Berlín, 1988.

PAGE, HELENA P.: *General Friedrich Olbricht. Ein Mann des 20. Juli*. Bouvier Verlag, Bonn-Berlín, 1992.

PFITZER, THEODOR: «Die Brüder Stauffenberg», en: BOEHRINGER, ROBERT: *Eine Freundesgabe*. J.C.B.Mohr Verlag, Tübingen, 1957.

PIGGE, HELMUT y WIRTH, FRANZ PETER: *Operation Walküre*. Documental-Dokumentation 1971. EuroVideo, 1993.

Reichswetterdienst, Jahrbücher der Meteorologie 1943 und 1944, en el archivo del Deutschen Wetterdienstes, Niederlassung München.

REMER, OTTO ERNST: *20. Juli 1944*. Verlag Hans Siep, Hamburgo, 1951.

REMER, OTTO ERNST: *Verschwörung und Verrat um Hitler*. Verlag Remer Heipke, Bad Kissingen, 1981.

REMY, MAURICE PHILIP: *Offiziere gegen Hitler*. Documental. Polar Film DVD, 2004.

RITTER, GERHARD: *Carl Goerdeler und die deutsche Widerstandsbewegung*. DVA, Stuttgart, 1954.

ROTHFELS, HANS: *Deutsche Opposition gegen Hitler*. Fischer, Fráncfort del Meno, 1958.

SAUERBRAUCH, FERDINAND: *Das war mein Leben*. Kindler und Schiermeyer Verlag, Bad Wörishofen, 1951.

SCHEURING, BODO: *Henning von Tresckow*. Propyläen Verlag, Berlín, 2004.

SCHLABRENDORFF, FABIAN VON: *La oposición bajo Hitler*. Cid, Madrid, 1967.

SCHULTHESS, KONSTANZE VON: *Nina Schenk Gräfin von Stauffenberg*. Pendo, Zürich y Múnich, 2008.

SPEER, ALBERT: *Memorias*. Plaza y Janés, Barcelona, 1969.
STAHLBERG, ALEXANDER: *Die verdammte Pflicht. Erinnerungen 1932 - 1945*. Ullstein Verlag, Fráncfort, 1987.
STAUFFENBERG, CAROLINE GRÄFIN VON: «Aufzeichnungen», en: *Verblendung, Mord und Widerstand*, Zollernalbkreis Jugendring e.V, Hechingen, 1995.
STAUFFENBERG, NINA GRÄFIN VON: *Unser Papi* poema, escrito en régimen de aislamiento en 1944. Propiedad de la familia Stauffenberg.
STEINBACH, PETER: *Claus Graf Stauffenberg. Zeuge im Feuer*. DRW-Verlag, Leinfelden-Echterdingen, 2007.
STETTNER, WALTER: *Ebingen. Die Geschichte einer württembergischen Stadt*, Verlag Jan Thorbecke, Sigmaringen, 1986.
THORMAEHLEN, LUDWIG: «Die Grafen Stauffenberg. Freunde von Stefan George». en: BOEHRINGER, ROBERT: *Eine Freundesgabe*. J.C.B.Mohr Verlag, Tübingen, 1957.
TREVOR-ROPER, Hugh R.: *Los últimos días de Hitler*. Plaza & Janés, Esplugas de Llobregat (Barcelona), 1975.
WULF/TIESLER: *Das war unser Rastenburg*. Landsmannschaft Ostpreussen eV, 1981.
ZELLER, EBERHARD: *Geist der Freiheit. Der zwanzigste Juli*. Müller Verlag, Múnich, 1963.
ZELLER, EBERHARD: *Oberst Claus Graf Stauffenberg. Ein Lebensbild*. Schöningh Verlag, Paderborn, 1994.